C.H.BECK  WISSEN

in der Beck'schen Reihe
2080

Spätestens mit dem Erfolg des Films *Jurassic Park* ist das allgemeine Interesse an den Giganten der Urzeit extrem gewachsen. Dieses Buch beschreibt und erläutert die evolutionsbiologische Entwicklung der Dinosaurier, ihre überraschend vielfältigen Lebens- und Verhaltensformen sowie die unterschiedlichen Erklärungen für ihr Aussterben. Eine kurze Einführung in die wichtigsten „Saurierausstellungen" und eine Beschreibung ihrer Exponate beschließen den Band.

Dr. *Annette Broschinski* ist Paläontologin und beschäftigt sich insbesondere mit Echsen und Schlangen, Dinosauriern und säugetierähnlichen Reptilien. Nach verschiedenen Lehr-, Forschungs- und Grabungstätigkeiten leitet sie nun die Sektion Geowissenschaften des Niedersächsischen Landesmuseums Hannover.

Annette Broschinski

DINOSAURIER

Riesenreptilien der Urzeit

Verlag C.H.Beck

Mit 17 Abbildungen

Meinen Großeltern und Eltern
sowie Karl „Karlchen" Hirsch

Die Deutsche Bibliothek – CIP-Einheitsaufnahme

Broschinski, Annette:
Dinosaurier : Riesenreptilien der Urzeit / Annette
Broschinski. – Orig.-Ausg. – München : Beck, 1997
  (Beck'sche Reihe ; 2080 : C. H. Beck Wissen)
  ISBN 3 406 41880 5

Originalausgabe
ISBN 3 406 41880 5

Umschlagentwurf von Uwe Göbel, München
© C. H. Beck'sche Verlagsbuchhandlung (Oscar Beck), München 1997
Gesamtherstellung: C. H. Beck'sche Buchdruckerei, Nördlingen
Gedruckt auf säurefreiem, alterungsbeständigem Papier
(hergestellt aus chlorfrei gebleichtem Zellstoff)
Printed in Germany

Inhalt

Vorwort 8

1. Einleitung 9

2. Dinosaurier und ihre Erhaltung 11

2.1 Asche zu Asche und Knochen zu Stein 14 – 2.2 Vom Lesen im „Buch der Knochen" 21

3. Dinosaurier und ihre Erkennung 41

4. Dinosaurier und ihre Vielfalt 44

5. Die Saurischier 46

5.1 Die Sauropodomorpha 47 – 5.1.1 Prosauropoda 47 – 5.1.2 Sauropoda 49 – 5.2 Die Theropoda 57 – 5.2.1 Cerato-sauria 58 – 5.2.2. Carnosauria 60 – 5.2.3 Coelurosauria 64 – 5.3 „Rätsel-Dinosaurier": Die Segnosauria 72

6. Die Ornithischier 73

6.1 Die Genasauria 74 – 6.1.1 Thyreophora 74 – 6.1.2 Cera-poda 79

7. Vom Text zum Tier – der Gang ins Museum 101

7.1 Die Dinosaurierhalle im Museum für Naturkunde der Humboldt-Universität zu Berlin 101 – 7.2 Die Dinosaurierhalle des Forschungsinstituts und Naturmuseums Senckenberg in Frankfurt/Main 110 – 7.3 Das Dinosaurierfährten-Naturdenkmal und Freilichtmuseum Münchehagen bei Hannover 116

8. Epilog – Stoffwechsel, Rekonstruierbarkeit und Aussterben der Dinosaurier 119

9. Danksagung 123

10. Weiterführende Literatur 124

11. Register 125

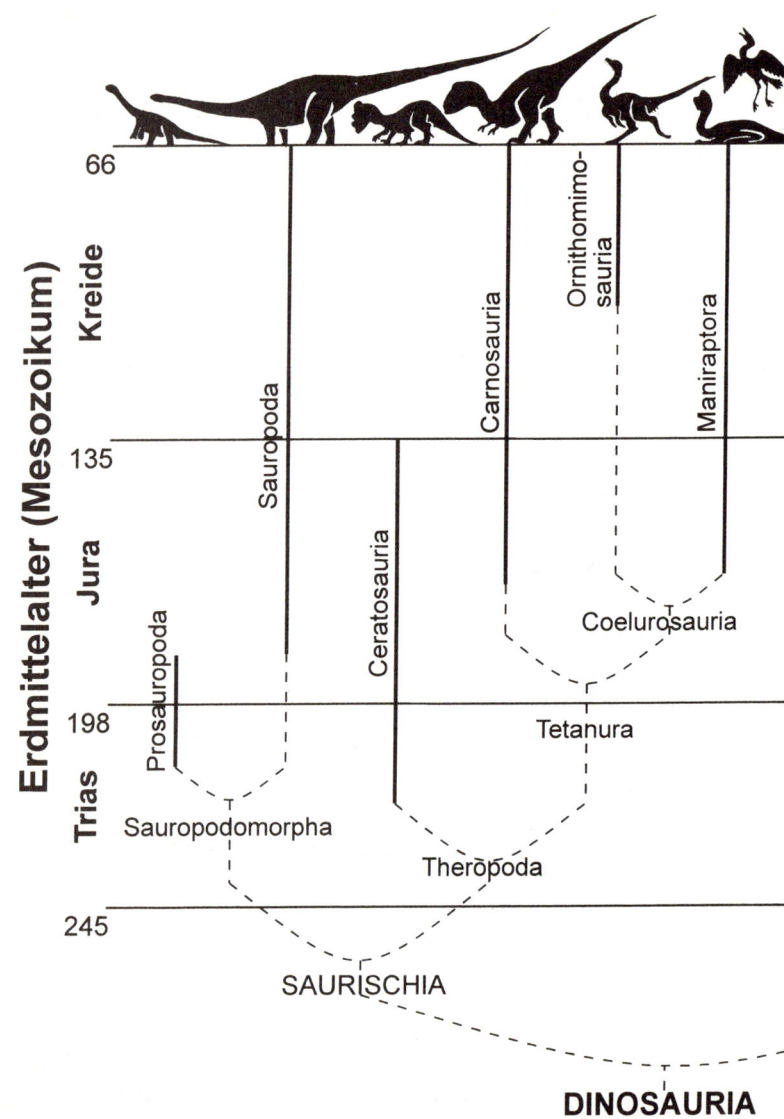

Erdmittelalter (Mesozoikum)

66	
	Kreide
135	
	Jura
198	
	Trias
245	

Sauropoda

Ornithomimo-
sauria

Carnosauria

Maniraptora

Ceratosauria

Coelurosauria

Prosauropoda

Tetanura

Sauropodomorpha

Theropoda

SAURISCHIA

DINOSAURIA

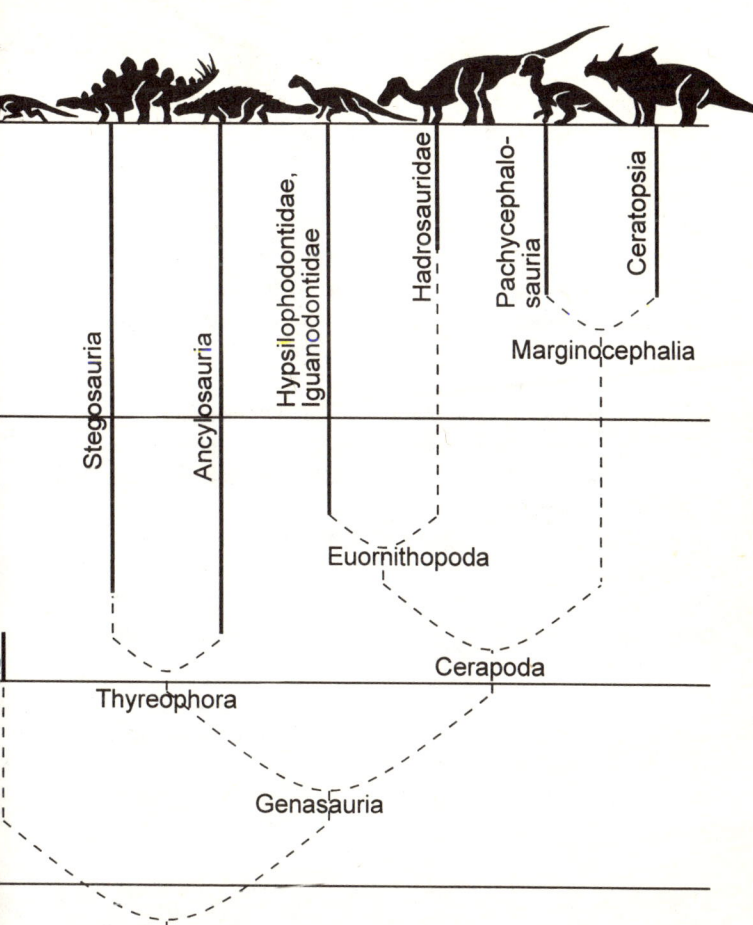

Stegosauria

Ancylosauria

Hypsilophodontidae, Iguanodontidae

Hadrosauridae

Pachycephalo-sauria

Ceratopsia

Marginocephalia

Euornithopoda

Cerapoda

Thyreophora

Genasauria

ORNITHISCHIA

Zeitliche Verbreitung der verschiedenen Dinosauriergruppen (durchgezogene Linien) und ihre vermuteten verwandtschaftlichen Beziehungen untereinander (gestrichelt). Die Dinosaurier sind nicht im selben Größenmaßstab gezeichnet. Vorwiegend nach Norman (1985) und Dingus et al. (1995) stark verändert. Graphik: S. Broschinski.

Vorwort

Die ungemeine Fülle des sich zunehmend erweiternden Wissens über Dinosaurier kann nur mit großen Abstrichen in ein Taschenbuch umgesetzt werden. Ich habe mir zum Thema „Dinosaurier" in über 15 Jahren auf zahllosen Führungen durch Dauer- und Sonderausstellungen mit verschiedensten Personengruppen, mit Universitätsvorlesungen und den dazugehörigen Scripten sowie Einzelvorträgen ein Bild von den Fragen und Problemen machen können, die den Besucher unterschiedlicher Vorbildung beschäftigen. Dabei fiel stets das große Interesse an den Knochen selbst auf. Dieses Buch soll helfen, sich ein Grundverständnis von Dinosaurier-Skeletten im biologischen Kontext der Landwirbeltiere anzueignen und mit Aspekten des menschlichen Skelettes zu vergleichen. Auf diesem Wege wird sich das Verständnis für die Möglichkeiten, aber auch die Grenzen der biologischen Rekonstruierbarkeit dieser faszinierenden Reptilien vielleicht erweitern.

Hannover, im Sommer 1997　　　　　　*Annette Broschinski*

1. Einleitung

Dinosaurier sind ausgestorben. Dennoch gibt es in fast allen Sprachen und Schriften der Erde den Begriff „Dinosaurier" für diese systematische Kategorie von Tieren (Abb. 1). Der englische Anatom Owen schuf 1842 den Begriff „Dinosauria" – die „schrecklichen Echsen" – wobei er sich auf den deutschen Paläontologen von Meyer berief, der bereits 1830 die große Ähnlichkeit mysteriöser fossiler Reptilienknochen mit denen großer Landsäugetiere festgestellt hatte. Die Paläontologie als Lehre von den vergangenen Lebensformen ist für die wissenschaftliche Erforschung der Dinosaurier zuständig. Man begegnet „Dinosauriern" heutzutage jedoch auch im Alltag, als Dino-Briefmarken (meist zusammen mit Mammuts!), als „Hausmacher Dino-Eiernudeln" und ähnlichem, aber auch in Form käuflicher Abgüsse von Knochen. Ein *Tyrannosaurus*-Zahn beipielsweise kostet als Nachbildung etwa 25 US-Dollar und ist in den USA ein beliebtes Geschenk unter Zahnärzten; der vollständige Schädel samt Unterkiefer beläuft sich auf 5000 Dollar. Besonders als allgegenwärtige Begleiter kleiner Kinder sind Dinosaurier fast schon ein Bestandteil der heutigen Lebenswelt geworden. Beobachtungen an Stadtkindern zeigen, daß sie sich meist nicht sicher sind, ob Dinosaurier wirklich ausgestorben sind. Sie kennen sich bestens mit ihnen aus, sind aber nur ungenügend über heutige Tiere und Pflanzen orientiert. Da die aktuellen Dinosaurier-Rekonstruktionen in der Tat sehr „echt" wirken, erscheint diese Verwirrung verständlich. Filme wie „Jurassic Park" (I und II) mit ihren hervorragenden Trick-Sequenzen verstärken diesen Eindruck, vermitteln jedoch kaum Wissen über die Grundlagen dieser Erkenntnisse.

dinosourus
Afrikaans

دينوصور

Arabisch

恐龍

Chinesisch

dinosaur
Englisch

dinosaure
Französisch

δεινόσαυρος

Griechisch

017116O1J'3

Hebräisch

dinasorus
Indonesisch

dineasár
Irisch

dinosauro
Italienisch

恐竜

Japanisch

ឡូស

Khmer

raksasa
Malaysisch

dinozaur
Polnisch

dinossauro
Portugiesisch

ДИНОЗА́ВР

Russisch

dinosauro
Spanisch

ไดโนเสาร์

Thai

khung long
Vietnamesisch

igongqongqo
Xhosa

inunu
Zulu

Abb. 1: Der Begriff „Dinosaurier" in 21 verschiedenen Sprachen respektive Schriften. Aus: Naturwissenschaftliche Rundschau 12/1993, S. 472; (Abdruck mit freundlicher Genehmigung der Wissenschaftlichen Verlagsgesellschaft, Stuttgart)

2. Dinosaurier und ihre Erhaltung

Bis in die zwanziger Jahre des vergangenen Jahrhunderts hinein war noch nicht einmal die Existenz dieser großen Reptilien des Erdmittelalters (Mesozoikums) bekannt; heute jedoch wissen wir bereits sehr viel über Dinosaurier. Sie waren eine große, sehr artenreiche Gruppe vielgestaltiger, ausschließlich landlebender Wirbeltiere. Wir Menschen sind ebenfalls landlebende Wirbeltiere, gehören aber nur zu einer Unterart einer einzigen Art. Es gab keine fliegenden Dinosaurier: Die eigentlichen Flugsaurier gehören in eine andere Verwandtschaftsgruppe. Ebensowenig gab es an das Wasserleben angepaßte Dinosaurier – im Gegensatz zu den nicht mit ihnen verwandten Meeresreptilien. Auch kennen wir keine im Untergrund lebenden Dinosaurier – im Gegensatz zu vielen Arten der Schlangen und Schleichen. Die Dinosaurier mit ihrer Tendenz zum Riesenwuchs waren vollständig an das Leben auf dem Boden angepaßt (Laufen, Rennen, teilweise Springen).

Seit kurzem ist bekannt, daß die Dinosaurier im Verlauf des Erdmittelalters (Mesozoikum: Trias, Jura, Kreide) praktisch alle Kontinente besiedelten, wie Neufunde auch aus Alaska und der Antarktis beweisen (Abb. 2).

Warum lassen sich Dinosaurier-Reste interpretieren, obwohl wir die nächsten heutigen (rezenten) Verwandten nur begrenzt zum Vergleich hinzuziehen können (Krokodile und Vögel einmal ausgenommen)? Die Antwort auf diese Frage liegt im Prinzip des Aktualismus, einer in der Paläontologie oft angewandten Methodik. Man geht davon aus, daß in der heutigen Zeit zu beobachtende biologische Phänomene grundsätzlich denselben Gesetzmäßigkeiten unterliegen, wie dies auch in einem weiten Teil der erdgeschichtlichen Vergangenheit der Fall war. Die große Ähnlichkeit der Skelette von höheren Wirbeltieren untereinander beruht auf ihrer gemeinsamen Abstammung. Man kann somit heutige Wirbeltiere als ganzheitliche Organismen untersuchen und die gewonnenen Ergebnisse auf ausgestorbene Wirbeltiere übertragen.

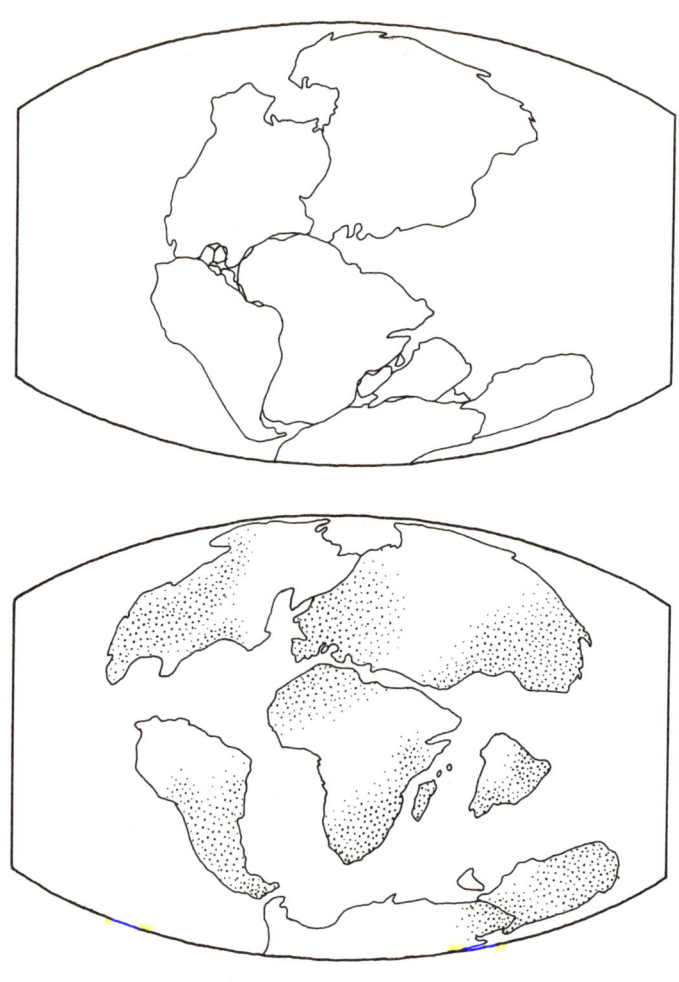

Abb. 2: Die Lage der Kontinente während der Ober-Trias (oben) und der Oberen Kreide (unten). Die bis zur Kreide erreichten, durch Fossilfundstellen nachgewiesenen Verbreitungsgebiete der Dinosaurier sind punktiert dargestellt.

Auf dem Land lebende Wirbeltiere bilden die Herausforderungen des Landlebens in ihrem Körperbau ab. Die heutigen Reptilien schützen sich vor Austrocknung, indem sie im Gegensatz zu den Amphibien eine intensive Verhornung der Haut ausbilden. Auch legt die Mehrzahl der rezenten Reptilien Eier, deren Embryonen sich unabhängig vom Wasser der Seen und Flüsse entwickeln können. Dies sind beides Strategien, die man auch bei ausgestorbenen Reptilien allgemein voraussetzen kann. Das gilt selbst dann, wenn sich im Fossilbericht nur begrenzt Hinweise darauf finden lassen.

Das Prinzip des Aktualismus muß jedoch stets kritisch angewendet werden, da es nicht nur Übereinstimmungen gibt: Die heutigen Landökosysteme weisen eine Vielzahl von großwüchsigen, carnivoren (fleischfressenden) Säugetieren auf. Sehen wir einmal vom Sonderfall des Menschen ab, so bewegt sich kein einziges dieser Raubtiere zweibeinig! Zur Zeit der Dinosaurier jedoch gab es extrem viele zweibeinig laufende Beutegreifer (Raubdinosaurier). Selbst einzelne Bestandteile von Ökosystemen („großes Raubtier") sind also untereinander nur begrenzt vergleichbar. Zudem muß die extreme Lückenhaftigkeit der fossilen Überlieferung bedacht werden. Es liegen uns keine vollständigen, lebenden Organismen vor, sondern im allgemeinen nur fragmentarische Reste, deren Deutung einem juristischen Indizienbeweis gleichkommt.

Die Vergleichbarkeit von verschiedenen Dinosauriern mit anderen Landwirbeltieren im allgemeinen und mit dem Menschen als ebenfalls einem Landwirbeltier im besonderen begründet sich also auf zwei Fragestellungen:

1) Was kann überhaupt von einem Landwirbeltier, speziell einem Reptil, nach seinem Tode erhalten bleiben, und um welche Substanzen handelt es sich dabei?
2) Wie sehen die vergleichbaren „Funktionseinheiten" am Skelett, den inneren Organen und in der Organisation von Gehirn und Nerven aus?

2.1 Asche zu Asche und Knochen zu Stein

Auf der Erde ist ein vollkommenes „Recycling" der Organismen der Regelfall, d.h., ein totes Lebewesen wird in seine Bestandteile zerlegt, und diese werden wieder im Kreislauf des Lebens weiterverwertet. Dies geschieht durch viele verschiedene, sehr komplexe Faktoren. Zunächst spielen größere Konsumenten eine Rolle (grobmechanisches Zerlegen), dann kleinere („Resteverwerter") und schlußendlich eine Vielzahl von kleinen und kleinsten Organismen (Insekten, Pilze, Mikroben). Auch rein anorganische Prozesse wie Entwässerung, Entgasung und Oxidation verschiedener Weichteile müssen hierbei bedacht werden. Tatsächlich kehrt sich die Erhaltungsfrage um: Warum bleiben überhaupt Überreste toter Landwirbeltiere übrig? Das Recycling funktioniert offensichtlich nicht immer. Wenn die Abbauprozesse weitgehend verlangsamt oder fast gestoppt werden, können Teile des Organismus erhalten bleiben.

Eine Modellvorstellung beruht auf dem Wirken von Wasser, das die Zufuhr von Sauerstoff verändern kann und zudem durch schnelles Einlagern und Überdecken des Organismus durch Schlamm in gewissem Umfang eine Versiegelung gegen weitere Zersetzungseinflüsse bewirkt. Dies kann auch durch Mumifizierung, also vollständige Austrocknung, geschehen. Die bei beiden Prozessen einsetzende Versiegelung ist jedoch niemals umfassend. Im Zuge der Jahrmillionen laufen die Abbauprozesse sehr langsam, aber stetig weiter, meist in Kombination mit anderen Veränderungen. Schlamm wird zu Gestein. Die in den Gesteinsporen zirkulierenden mineralischen Wässer verändern, überprägen den Wirbeltierrest: Die eigentliche Fossilisation tritt ein.

Es gibt Partien am Körper, die schwerer zerstörbar sind als die Weichteile wie Augen, innere Organe, Muskeln: die sogenannten Hartteile. Meist stellt man sich unter Hartteilen ganz allgemein das Wirbeltierskelett vor (Abb. 3, 5, 6), das in der zoologischen Betrachtungsweise ein klassisches Innenskelett darstellt. Auch die mit den Wirbeltieren entfernt verwandten

Stachelhäuter (Echinodermata; z. B. Seeigel und Seesterne) haben strenggenommen ein Innenskelett (aus Kalk). Die mit den Wirbeltieren nicht näher verwandten Insekten, Spinnen und Krebstiere dagegen haben ein Außenskelett (aus Chitin).

Das Wirbeltierskelett zeichnet sich durch eine Kombination mechanischer mit chemischer Stabilität aus. Die Knochen des Wirbeltierskeletts – also auch der verschiedenen Dinosaurierarten und des Menschen – bestehen in erster Linie aus Calciumphosphat. Wenn Calciumphosphat in seiner reinen Form auskristallisiert, entspricht es dem Mineral Apatit bzw. Hydroxylapatit mit der chemischen Formel $[Ca_{10}(PO_4)_6(OH)_2]$. Apatit ist relativ hart, stellt also ein stabiles Mineral dar. Zudem ist es nur schwer chemisch lösbar. Im Wirbeltierknochen kommt der Apatit in Kombination mit organischen Fasern vor, den Kollagenen. Diese bilden eine Art Schablone für die Kristallisation des Apatits, die Matrix. Beide Komponenten zusammen ergeben eine ausgesprochen gute Verbindung aus der Festigkeit (und der kompressiven Belastbarkeit) des Apatits mit der reversiblen Dehnbarkeit (Elastizität) des Kollagens. Besonders gut zeigt sich diese Eigenschaft beim Aufkommen nach Sprüngen – in der Regel brechen die Knochen nicht.

Das knöcherne, teils auch knorpelige Skelett ist in Kombination mit den daran ansetzenden Muskeln, Sehnen und Ligamenten der architektonische Rahmen des Wirbeltieres. Am Skelett ist die Beweglichkeit des lebenden Tieres manifestiert und in einem gewissen Maß ablesbar, unter anderem deswegen, weil Muskelenden Spuren (Rauhigkeiten) am Knochen hinterlassen können. Die Aussagekraft dieser Muskelnarben ist jedoch nur eingeschränkt verwendbar, weil sie zeitlebens wechselnden Belastungen und damit unterschiedlich starken Ausprägungen ausgesetzt sind. Es muß immer beachtet werden, daß das Skelett der Dinosaurier – ebenso wie das unsere – einer beständigen, wenn auch meist kaum meßbaren Wandlung unterlag. Aufbauprozesse laufen allgemein insbesondere dann ab, wenn ein Knochen verletzt wurde und ergänzt („repariert") werden muß; diese meist unregelmäßig und geschwollen wirkenden Partien sind am fossilen Knochen gut auszumachen. Abbauprozesse stehen in engem Zusammenhang mit dem Knochen als Calcium- und auch als Phosphat-Lager des Organismus. Bei Bedarf (z. B. akuter Calcium-Mangel) kann die Knochensubstanz weitestgehend abgebaut werden, und ihre Bestandteile werden in den Körperkreislauf reintegriert.

In der fossilen Überlieferung (dem Fossilbericht) ist es nicht ausschließlich die reine apatitische Knochensubstanz, die erhalten bleibt. Sehr häufig ist ein schrittweises Eindringen von mineralischen Porenwässern des umgebenden Gesteins in die Porenräume des Knochens zu erkennen. Diese Porenwässer kristallieren nach einer gewissen Zeit aus und geben nun ihrerseits dem Restknochen neue Festigkeit und auch Schwere. Zunächst werden dabei die natürlichen Hohlräume verfüllt (ehemaliger Sitz von Blutgefäßen, Nerven und Knochenbildungszellen). Die zweite Generation von Porenwässern nimmt während des Abbaus der Kollagene nach und nach deren Platz ein. Sollte es darüber hinaus zum seltenen, vollkommenen Abbau auch der Apatit-Matrix kommen, so können weitere Zyklen von Porenwässern eindringen. Die dadurch voranschreitende Fossilisation kann Zeiträume von vielen Millionen Jahren umfassen. Man nimmt jedoch an, daß eine weitgehende Fossilisation unter optimalen Bedingungen bereits innerhalb weniger Jahrtausende auftreten kann.

Die Porenwässer enthalten in den meisten Fällen freie Kieselsäure; daraus entsteht eine dem Quarz verwandte, silikatische Festsubstanz. Die sukzessive Ausfüllung sämtlicher Hohlräume im Knochen erklärt auch ihr relativ hohes Gewicht: Je länger und intensiver der eigentliche Fossilisationsprozeß andauert, um so schwerer werden die Knochen. Es ist manchmal möglich, den Grad der Versteinerung allein nach dem ungefähren spezifischen Gewicht in der Hand abzuschätzen. Auch wiegen erdgeschichtlich sehr junge Knochenfunde – z. B. Überreste eiszeitlicher Säugetiere aus Kiesgruben – in der Regel erheblich weniger als vergleichbar große Dinosaurierknochen. Es gibt jedoch auch Ausnahmen, wie die für Florida, USA, typischen, nur 20 000 Jahre alten, schwarz erhaltenen Wirbeltier-knochen: Sie sind sehr stark mineralisiert. Hingegen gibt es westkanadische Dinosaurierknochen, die definitiv ein Alter von über 65 Millionen aufweisen und trotzdem nur teilweise fossilisiert sind. Der Faktor „Zeit" spielt also nicht immer die entscheidende Rolle!

In sehr seltenen Fällen können in den Knochen auch Reste der Kollagene erhalten bleiben, bei denen unter anderem durch Isotopen-Analysen Aussagen über die Art der Ernährung getroffen werden können. Auch DNA-Funde bzw. DNA-Extraktionen aus Dinosaurierknochen werden seit „Jurassic Park I" vermeldet. Es handelt sich jedoch dabei bislang nur um winzigste Mengen mit sehr kurzen Molekülsträngen ehemals extrem langer Molekülketten. Zudem ist deren Aussagekraft nur bedingt zu gewährleisten, da selbst unter Laborbedingungen rezent-organische Verunreinigungen auftreten können. Die fragmentären DNA-Reste werden zur Zeit dazu eingesetzt, erste Versuche über stammesgeschichtliche Vergleiche zwischen verschiedenen Wirbeltieren durchzuführen. Selbst diese ersten Tests sind jedoch noch sehr unzulänglich.

Zu den Hartteilen der Wirbeltiere müssen die Zähne hinzugerechnet werden (Abb. 3). Zähne bestehen – wie Knochen – aus Apatit. Hierbei wechseln die Apatitlagen jedoch nicht mit Kollagenfasern ab. Zähne sollen mechanischen Belastungen standhalten und keinesfalls elastisch reagieren wie Knochen! Man unterscheidet dabei zwei Lagen innerhalb des Zahnes: Zum einen das dichte Dentin (Zahnbein), das sehr hart ist, jedoch noch feine Blutgefäße und Nerven enthält; zum anderen die darüberliegende noch dichtere, allerdings erheblich dünnere Zahnschmelzschicht. Zahnschmelz ist das härteste Wirbeltier-Baumaterial überhaupt. Er ist sehr widerstandsfähig gegenüber Belastungen mechanischer und chemischer Art, unterliegt aber auch einer Abnutzung, deren Spuren zu deutbaren Hinweisen werden können (siehe Kap. 5.1.2).

Man muß sich also einen Zahn – egal ob den einer Dinosaurierart oder eines Menschen – grundsätzlich als eine sehr massive, die Form vorgebende Dentinmasse vorstellen, auf welcher der dünne, lackartige Überzug des Schmelzes wie eine Kappe aufliegt. Alle zahntragenden Dinosaurier hatten ebenso wie alle heutigen Reptilien einen sogenannten kontinuierlichen Zahnwechsel. Das bedeutet, daß nicht nur zwei Zahngenerationen angelegt werden, wie dies beim Menschen der Fall ist, sondern praktisch zeitlebens eine beständige Erneuerung der Zähne stattfindet. Einige Zähne brechen durch Belastung heraus, meist bei der Nahrungsaufnahme. Andere werden durch das Auflösen ihrer Basis durch den vom Kieferinneren her nachrückenden Nachfolge-Zahn herausgedrückt. Biologisch ist es nicht sinnvoll, wenn alle Zähne gleichzeitig ausfielen, daher weist ungefähr jeder dritte oder vierte Zahn ein ähnliches Wachstumsstadium auf. Zum einen ergibt dies unregelmäßige Zahnhöhen am lebenden Tier, zum anderen eine Vielzahl von Einzelzähnen, die fossilisieren können (Abb. 3). Viele ähnliche Einzelzähne im Sediment bedeuten also nicht zwingend, daß dort eine große Zahl von Dinosauriern einer Art repräsentiert ist, sie könnten auch von nur einem einzigen Individuum stammen. Theoretisch sind dabei von der frühesten Jugend bis zum Tode völlig verschiedene Größen-Kategorien von Zähnen möglich. In den letzten Jahren wurde verstärkt darauf geachtet, in Sediment-Proben aus mesozoischen Lokalitäten (Fundstellen) die darin enthaltenen, sehr aussagekräftigen Mikro-Zähnchen zu berücksichtigen. Diese stellen zum Teil Zähne sehr junger Dinosaurier („Babies" und „Teenager"), zum Teil aber auch sehr kleinwüchsiger Dinosaurier dar. Oftmals findet man sie mit den Zähnchen noch zahntragender, früher Vögel vermischt.

Ganz offensichtlich sind jedoch Knochen und Zähne nicht die einzigen denkbaren oder tatsächlichen Überbleibsel von Dinosauriern. Zu den Hartteilen sind ebenfalls fossile Eier zu rechnen, deren Schale aus Kalk (Calciumkarbonat, $CaCO_3$) besteht (Abb. 3). In den letzten Jahren wurde in der Feldforschung verstärkt auf Eier geachtet, was zu einer Fülle neuer Daten geführt hat und weiterhin führt (Kap. 6.1.2). Insbesondere die Feinstrukturen der Eischalen werden dabei genauestens untersucht und können in gewissen Grenzen für

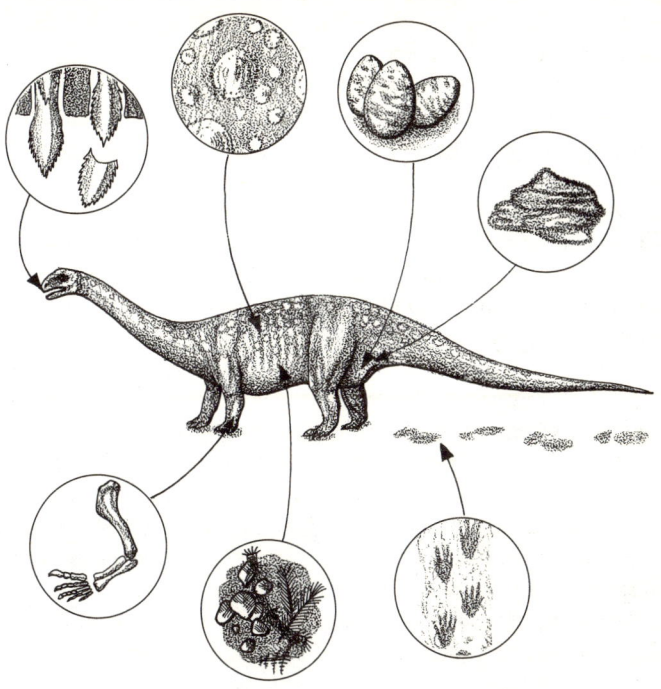

Abb. 3: Die fossil überlieferbaren Strukturen von Dinosauriern am Beispiel des Prosauropoden *Plateosaurus*. Im Uhrzeigersinn: Zähne (in den typischen tiefen Alveolen), Haut (Abdrücke und Original-Erhaltung), Eier, Fäkalien (Koprolithen), Fährten, Magen-Darm-Inhalte und Magensteine, Knochen.

Bestimmungen genutzt werden. Bedauerlicherweise sind nur selten Embryonen in den Eiern enthalten; dies ist fossil nur in Ausnahmesituationen (z.B. extrem schnelle Einbettung) möglich. Die Knochen sind allgemein bei Embryonen noch nicht (vollständig) verknöchert, sondern befinden sich im knorpeligen Vorläuferzustand. Fossile Embryonen-Funde im Ei sind von großer Bedeutung, da sie eindeutig bestimmten Dinosaurierfamilien zugeordnet werden können und somit auch eine genaue Zuweisung der Schalenstrukturen zur erzeu-

19

genden Dinosaurierfamilie ermöglichen, manchmal mit überraschenden Ergebnissen (Kap. 5.2.3).

Zu einem sehr wichtigen Indiz für die Lebensweise von Dinosauriern haben sich seit den 30er Jahren dieses Jahrhunderts
die Fährten entwickelt (Abb. 3). Seit den ersten Entdeckungen
fossiler Fußspuren hat sich ein Seitenzweig der Paläontologie
speziell der Erforschung von Dinosaurier-Fährten verschrie-
ben – ein in der Interpretation nicht immer ganz einfaches Unterfangen (Kap. 7.3). Seitdem man auf sie achtet, werden
Fährtenfunde immer häufiger gemeldet. Vor kurzem wurden
nahe der Stadt Fatima in Portugal auf Schichtflächen des
Mittleren Jura – einer fossil nicht sehr gut belegten Zeit – sehr
lange Fährtenfunde (über 140 m) von sehr großen Dinosauriern (Sauropoden, siehe Kap. 5.1.2) entdeckt.

Das einzig sichere Indiz für die von Dinosauriern tatsächlich gefressene Nahrung sind Magen-Darm-Inhalte einzelner
Tiere, die gelegentlich bei sehr guten Erhaltungsbedingungen
überliefert wurden. Hypothesen, die allein aufgrund der Gestalt und Anzahl der Zähne aufgestellt werden, sind vergleichsweise unsicher. Die Verdauungssysteme der Dinosaurier
sind nur indirekt, über Rumpf-Ausmaße und auch bestimmte
Rippen-Konfigurationen, annäherungsweise rekonstruierbar.
In seltenen Fällen fand man jedoch eindeutige Magensteine
(Abb. 3), die eine Verdauungshilfe bei pflanzlicher Nahrung
darstellen. Anhand der Gesteinszusammensetzung ist ihre oft
weit vom Fundpunkt des Dinosauriers entfernte Herkunft
(Gebirge) identifizierbar. Magensteine sind stark gerundeten
Flußgeröllen sehr ähnlich, können neuerdings jedoch im La-
bor mit lichtoptischen Methoden von letzteren unterschieden
werden, da sie auf eine charakteristische Art Laserlicht reflek-
tieren. An Touristen werden allerdings sehr erfolgreich Fluß-
kiesel als Dinosaurier-Magensteine verkauft.

Zudem konnte selbst der Kot von Dinosauriern – wie auch
anderer Wirbeltiere – fossilisieren (Abb. 3). Diese fossilen Fäkalien werden Koprolithen (Kot-Steine) genannt, sind aber
nur selten genau zu identifizieren bzw. sicher bestimmten Dinosaurierarten zuzuordnen.

Ein weiteres Kriterium der Überlieferung von Dinosauriern ist die Möglichkeit, daß sich Hautabdrücke im umgebenden Sediment erhalten haben (Abb. 3). Meist handelt es sich jedoch um nur wenige Zentimeter messende Abdrücke, seltener um große Hautpartien wie an den berühmten Mumien der Entenschnabeldinosaurier (Kap. 6.1.2.1). Erstmals wurden 1996 an einem kleinen Raubdinosaurier aus einer brasilianischen Lokalität phosphatisierte Haut und Muskelfasern nachgewiesen.

Insbesondere bei carnivoren Dinosauriern bietet sich eine weitere Möglichkeit der indirekten Erhaltung: Vielfach werden an Überresten pflanzenfressender (herbivorer) Dinosaurier Bißmarken gefunden, die manchmal sogar in Kombination mit abgebrochenen Zähnen von Fleischfressern vorliegen. Dies ist ein Hinweis auf die Freßaktivitäten von Räubern bzw. Aasfressern an ihren Beutetieren. Über diese „greifbaren" Überreste hinaus ergeben sich natürlich auch Deutungen aus spezifischen Merkmalen der Fossilfundstellen, z.B. aus Konfigurationen von einzelnen oder mehreren Skeletten, Anhäufungen von Nestern und ähnlichen Fundumständen.

Zusammenfassend muß festgestellt werden, daß in aller Regel die Knochen und Zähne für die Paläontologen das wichtigste Instrumentarium zur Erforschung der Dinosaurier darstellen. Die wachsende Fülle von Erkenntnissen aus den anderen Fundkategorien (Fährten, Eier, Koprolithen) stellt jedoch eine willkommene und notwendige Ergänzung der Hartteil-Fakten dar.

2.2 Vom Lesen im „Buch der Knochen"

Die ca. 25 bisher bekannten Dinosaurierfamilien (Familie: systematischer Begriff für Dinosauriergruppen) existierten im Erdmittelalter (Mesozoikum), also im Zeitraum vor 215 bis vor 65 Millionen Jahren (Abb. 4). Dies ist eine gewaltige Zeitspanne von insgesamt 150 Millionen Jahren, mit der die Art „Mensch", die nur eine einzige Unterart darstellt (*Homo sapiens sapiens*), nicht konkurrieren kann. Diese Zeitspanne

Abb. 4: Die stratigraphische Verbreitung der Dinosaurier. Dargestellt ist nur der belebte Teil der Erdgeschichte (ab dem Kambrium). Die Dinosaurier traten in der Mittleren Trias auf und starben am Ende der Oberen Kreide aus. Der Mensch erschien erst im jüngsten Teil des Quartärs. Zeichnung: H. W. Fischer, Nachbearbeitung: S. Broschinski.

ist zudem für das menschliche Vorstellungsvermögen nicht faßbar. Dennoch sehen wir uns in der Lage, Lebensabläufe von verschiedenen Dinosauriern nachvollziehen zu können, z. B. ihre Körperbewegungen, ihr Freßverhalten etc. Dies kann nur durch ein hohes Maß an Vergleichbarkeit der Hartteile erreicht werden, und diese Vergleichbarkeit hat ihre Wurzeln in der gemeinsamen Abstammung aller Landwirbeltiere von einem vermuteten gemeinsamen Vorfahren. Der Körperbau dieses Vorfahren aller Amphibien, Reptilien, Vögel und Säugetiere stellt den Grundbauplan dar, der auch bei Umgestaltungen in der Regel noch erkennbar ist. Von der großen Ähnlichkeit verwandter Strukturen ausgehend, kann man diese miteinander vergleichen und somit auch interpretieren. Dies betrifft sowohl die Organisation des Weichkörpers (Verdauungs-, Fortpflanzungsorgane etc.) als auch die Organisation des Skelettes. Daraus leitet sich das Prinzip der „Vergleichenden Anatomie" als Untersuchungsmethode ab. Da im Falle der Dinosaurier Skelett- und Zahnfunde die häufigsten, wichtigsten und verläßlichsten Indizien darstellen, werden Skelette von verschiedenen Dinosaurierarten nachfolgend im Vergleich zum Skelett des Menschen näher erläutert. Viele Phänomene des Wirbeltierskeletts können wir Menschen an unserem eigenen Körper nämlich recht gut nachvollziehen; daher sei diese sehr anthropozentrische, also auf den Menschen zentrierte Sichtweise, hier bevorzugt. Auch wenn die nachfolgende Kurzeinführung in die Vergleichende Anatomie des Landwirbeltierskelettes mit Sicherheit keine ganz einfache Kost darstellt, so bildet sie doch die systematische Grundlage für ein vertieftes Verständnis.

Um Dinosaurierskelette zu verstehen, empfiehlt es sich, das nächstgelegene, größere Naturkundemuseum aufzusuchen. Die meisten naturhistorischen Museen Deutschlands besitzen mindestens ein Dinosaurierskelett und oft den Standard-Schädel eines *Tyrannosaurus*. Meist handelt es sich dabei nicht um Original-Knochen, sondern um künstliche Nachbildungen, sogenannte Abgüsse. Diese zeigen zwar nicht alle wünschenswerten Details, genügen aber für den Anfänger.

Der große Vorteil des Museums-Exponates gegenüber einem Bild oder gar einem Text erschließt sich dem Besucher schnell: Die verwirrend hohe Zahl verschiedener Knochen ist bereits an die jeweils „richtige" Stelle montiert, das Dinosaurier-Skelett ist dreidimensional und wirkt „vollständig" (obwohl es das in der originalen Fundsituation meist nicht war). Zudem liegen oft plastische und farbige Rekonstruktionen des vermuteten Aussehens zu Lebzeiten bei. Es fällt sehr leicht, das so Dargestellte als „wahr" zu akzeptieren. Optimal wäre es, wenn in den gängigen Dinosaurierhallen zudem ein menschliches Skelett stünde, um den dreidimensionalen Vergleich Knochen für Knochen zu erleichtern. Da dies in der Regel nicht der Fall ist, sei dem Leser an dieser Stelle geraten, sich die Bildvorlage eines menschlichen Skelettes zu besorgen und damit bewaffnet den ersten Schritt in die Vergleichende Anatomie zu wagen.

Bildet man einen Menschen und einen beliebigen bipeden (zweibeinig laufenden) Dinosaurier auf dieselbe Größe gezeichnet ab, so fallen am Skelett viele Übereinstimmungen auf (Abb. 5). Das knöcherne Wirbeltierskelett gliedert sich in die Abschnitte Schädel und Unterkiefer (plus Bezahnung) – Wirbelsäule mit Rippen – Extremitäten (Gliedmaßen). Schädel und Unterkiefer bilden eine funktionelle Einheit. Sie sind im hinteren Teil gelenkig miteinander verbunden. Der Unterkiefer besteht aus zwei Unterkieferästen, dem rechten und dem linken, die an ihrer Spitze miteinander verbunden sind. Beide Hälften bestehen jeweils aus mehreren Elementen, nicht wie beim Menschen aus nur je einem Knochen. Der Unterkiefer und der im Schädel befindliche Oberkiefer sind im Grundzustand zahntragend. Im Gegensatz zu vielen anderen fossilen, insbesondere jedoch den heute lebenden Amphibien und Reptilien entwickelten die Dinosaurier tiefe Zahngruben. Die Zähne saßen in Eintiefungen (Alveolen) des Kieferknochens und waren somit rundum recht stabil verankert (thecodonter Zustand). Bei Dinosauriern wuchsen die Zähne zeitlebens nach. Beim Menschen, der ebenfalls in Alveolen verankerte Zähne hat, findet jedoch nur ein einziger Zahnwechsel statt:

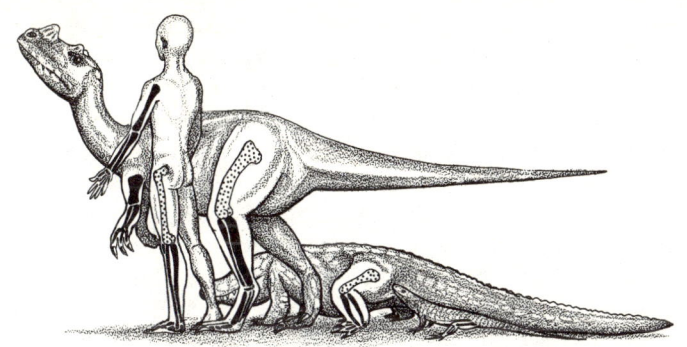

Abb. 5: Ein Beispiel für „Vergleichende Anatomie" an einem Menschen, einem jungen Ceratosaurier, einem Krokodil und einer Schildechse. Die Knochen des Hinterbeins sind eingezeichnet. Die Femora von Mensch und Dinosaurier sind an die voll aufrechte Gangart angepaßt, das Krokodil ist halb aufrecht und die Echse schubkriechend (seitliches Abspreizen der Beine). Beim Dinosaurier und dem Menschen sind auch die Armknochen zum Vergleich dargestellt. Nach einer Idee aus Fastovsky & Weishampel (1996).

Die Milchzähne werden einmalig durch Dauerzähne ersetzt, was letztlich den Berufsstand des Zahnarztes begründet hat. Wie die meisten Säugetiere hat der Mensch besonders massive und tief verankerte Zahnwurzeln, an den großen Backenzähnen sogar mehrere davon. Die Wurzeln der Dinosaurierzähne waren eher hülsenartig gebaut, also hohl. Die Zähne der Dinosaurier konnten sehr verschiedenartige Formen annehmen: Es gab abgeflachte, hohe, breite, geriefte, gekrümmte, spitze und viele weitere Zahntypen.

Der Schädel unterliegt einigen funktionellen Zwängen. Zum einen umfaßt und schützt er das Gehirn und leitet zum Rückenmark über. Zum anderen beinhaltet er im ursprünglichen Zustand die Oberkieferhälften (beide Maxillaria) und den kleinen, die Schnauzenspitze bildenden Zwischenkieferknochen (Praemaxillare); beim Menschen sind es nur noch die beiden Maxillaria. Im Zusammenhang damit muß der Schädel Ansatzflächen für die Kiefer-(„Kau-")Muskulatur beherbergen, damit der Unterkiefer relativ zum Schädel bewegt werden kann. Diese Bewegung ist im ursprünglichen Zustand ein einfaches „auf und ab" (orthale Kieferbewegung). Bei zunehmender Anpassung an ein „Kauen", also ein Zermahlen von pflanzlicher Nahrung, können komplexere Bewegungen hinzukommen: „links – rechts", also quer verlaufende Kaubewegungen wie bei den meisten Säugetieren (transversal), aber auch „vor – zurück", also längs verlaufende Kaubewegungen (propalinal), oder aber Kombinationen aus beidem. Der Schädel enthält paarig angelegte, also spiegelsymmetrische Öffnungen. Diese dienen den primären Sinnesöffnungen für die Nase (Geruchs- = olfaktorischer Sinn und Atmung), die Augen (optischer Sinn) und die Ohren (akustischer Sinn). Eine unpaare Öffnung für den Übergang der vom Gehirn kommenden Nerven ins Rückenmark (Hinterhauptsloch, Foramen magnum) kommt noch hinzu. Beim menschlichen Schädel sind diese primären Öffnungen gut zu erkennen. Weitere Öffnungen sind nicht auszumachen. Im Gegenteil, beim Menschen fällt die unter allen Wirbeltieren einzigartige, massive Knochenummantelung des ausgesprochen großen, aufgebläht wirkenden Gehirns auf: Der menschliche Schädel besteht zu praktisch 50 % aus dem Gehirnschädel (Neurocranium). Dieser schützt das Gehirn durch seine kompakte Knochenumfassung. Bei den meisten Dinosauriern war das Neurocranium ein separates Knochengebilde im Inneren des eigentlichen Schädels (Dermatocranium). Bei gut erhaltenen und vollständig präparierten Dinosaurierschädeln ist das recht kleine Neurocranium innen, hinter den Augenhöhlen zu erkennen.

Anordnung und Anzahl der Schädelöffnungen sind bei Dinosauriern andersartig ausgeprägt als beim Menschen. Zum einen sind in der Regel mehr Öffnungen vorhanden, zum anderen ergibt sich daraus kein massives, sondern ein spangenartig wirkendes Gefüge von Knochenbrücken. Dafür gibt es mehrere Erklärungen: Bei den Dinosauriern kommen zu den drei Sinnesöffnungen noch drei weitere, ebenfalls paarig angelegte Schädelöffnungen hinzu. Zwischen der vorn an der Schnauzenspitze gelegenen Nasenöffnung (Nares externae) und der Augenöffnung (Orbita) ist die sogenannte Praeor-

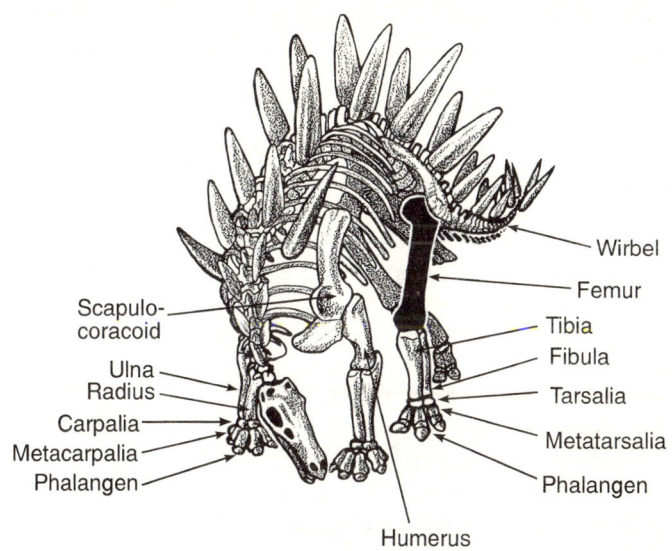

Scapulo-coracoid
Ulna
Radius
Carpalia
Metacarpalia
Phalangen

Wirbel
Femur
Tibia
Fibula
Tarsalia
Metatarsalia
Phalangen

Humerus

Abb. 6: Der Stegosauride *Huayangosaurus* als Beispiel für ein Dinosauri-er-Skelett sowie typische Dinosaurier-Merkmale. Beachte: Nares, Praeor-bitalöffnung, Orbita und beide Temporalöffnungen am Schädel; gerades Femur mit abgewinkeltem Gelenkkopf. Nach einer Idee aus Fastovsky & Weishampel (1996).

bitalöffnung zu erkennen (Abb. 6). Sie ist in der Regel recht groß, oftmals größer als die dahintergelegene Augenöffnung; ihre Funktion ist bis heute ungeklärt. Man diskutiert noch, ob es sich um eine Ansatzfläche für die Gaumendach-Muskulatur handelt, um den Sitz einer Drüse oder ob eine luftgefüllte Hohlraumbildung in Analogie zu Krokodilen oder sogar den Luftsacksystemen von Vögeln vorliegt. Die umgebenden Schädelknochen sind zu einem Teil ebenfalls hohl und waren wahrscheinlich luftgefüllt.

Hinter der Orbita befinden sich noch zwei weitere Öffnun-gen, die als Schläfenöffnungen oder „Temporalfenster" be-zeichnet werden. Die obere Schläfenöffnung ist bei zahlrei-chen Dinosaurierschädeln kaum zu erkennen, da sie praktisch horizontal auf dem Schädeldach orientiert ist. Die untere, eher senkrecht orientierte Temporalöffnung ist in der Regel deutlich sichtbar. Diese beiden Öffnungen dienten in erster Linie der Verankerung von Kiefermuskulatur, die in aller Regel entlang von Rändern und Kanten gute Ansatzmöglichkeiten hat. Zusätzlich ist der eher spangenartig wirkende Bau von Dinosaurierschädeln zum großen Teil als eine Material-Ersparnis zu deuten; zum einen „kostet" die Herstellung von Knochensubstanz (Biomineralisation) den Körper Energie, zum anderen ist auch das Gewicht eines weitgehend massiven Schädels höher als das eines durchbrochenen, fenestrierten Schädels. Insbesondere bei Raubdinosauriern mit sehr großen, langen Köpfen (wie z.B. *Tyrannosaurus*) war ein leichter Schädel erheblich vorteilhafter für das Tier.

Zu den von vorn nach hinten abzählbaren fünf Öffnungen des Dermatocraniums 1) Nares (Nase), 2) Praeorbitalöffnung, 3) Orbita (Auge), 4) obere und 5) untere Temporalöffnung kommt noch die Ohröffnung hinzu. Sie ist am Hinterrand des Schädels gelegen, also noch hinter den Knochenspangen der beiden Temporalöffnungen. Sie findet ihre Ausprägung nur im Neurocranium, also dem innen liegenden Gehirnschädel, der allerdings nur selten frei präpariert vorliegt.

Durch das Abzählen der größeren Öffnungen am Schädel kann stets verläßlich die tatsächliche Lage der Augenhöhle ermittelt werden, auch wenn diese keine runde Form aufweist: Es ist immer die dritte große Öffnung.

Bei vielen Dinosaurierfamilien entwickelten sich noch weitere Öffnungen. So konnte zum Beispiel der Oberkieferknochen von Raubdinosauriern eine weitere Fensterbildung enthalten, die allerdings meist kleiner war als die großen drei Öffnungen. Andersherum können Schädel auch durch die Verkleinerung und sekundäre Schließung von Öffnungen massiv werden; dies ist z.B. bei den gepanzerten, pflanzenfressenden Ancylosauriern der Fall (Kap. 6.1.1). Starke Panzerung und eine allgemeine Massivität des Schädels hängen entweder mit Schutzfunktionen oder mit besonders kräftiger Kiefermuskulatur zusammen; beides kann auch miteinander kombiniert sein.

Schädel und Unterkiefer des Menschen bestehen aus insgesamt 22 Knochen – im Vergleich zu den meisten Dinosauriern ist das noch verhältnismäßig gut überschaubar. Schädel und Unterkiefer von Dinosauriern bestanden nämlich aus ungefähr 50 Knochen, etwa doppelt so vielen wie beim Menschen. Die Tendenz, die Vielzahl der ursprünglichen vorhandenen Knochen im Verlauf der Stammesgeschichte der Wirbeltiere allmählich zu reduzieren, ist hieran erkennbar.

Für die Wirbeltiere (Vertebrata) namensgebend ist ihre Wirbelsäule (Abb. 6). Es handelt sich dabei um verknöcherte Stützelemente, die Wirbel, die aus einem oberen (dorsalen, „rückenseitigen") und einem unteren (ventralen, „bauchseitigen") Anteil bestehen. Der dorsale Anteil umgreift den Rückenmarkskanal (Neuralbogen), der ventrale Anteil ist massiv gebaut (Wirbelkörper). Die beiden fest zusammengefügten Anteile sind jeweils gelenkig mit dem davor und dem dahinter gelegenen Nachbarwirbel verbunden.

Man kann mehrere Regionen der Wirbelsäule unterscheiden: Die Halswirbelsäule, den Rumpf mit der Beckenregion und die Schwanzwirbelsäule. Je nach Region sind die Wirbel sehr unterschiedlich aufgebaut. Beim Menschen sind die sehr flachen Halswirbel von den erheblich breiteren Rumpfwirbeln gut zu unterscheiden, unsere Schwanzwirbelsäule ist bekanntermaßen stark reduziert (Steißbein). Je mehr Verstrebungen und Fortsätze die Wirbel haben, desto mehr Muskeln und Ligamente können ansitzen.

Grundsätzlich erfüllen die Wirbel mehrere Funktionen: Zum einen stützen und sichern sie den Rückenmarkskanal, zum anderen garantieren sie durch ihre gelenkigen Verbindungen trotzdem eine hohe Beweglichkeit. Zudem bieten sie im Bereich des Rumpfes zusammen mit den Rippen viele Ansatzmöglichkeiten insbesondere für die Körperlängsmuskulatur. Die tatsächliche Beweglichkeit einer Wirbelsäule bzw. ihrer Teilsegmente läßt sich meist an der Beschaffenheit einzelner Wirbel ablesen. Sind die Wirbel mit zahlreichen nach vorn und/oder hinten weisenden Fortsätzen ausgestattet, so sind sie in ihrer Beweglichkeit limitiert. Bei zurückgebildeten

Fortsätzen kommt es in der Regel eher zu einer erhöhten Beweglichkeit.

Hauptsächlich an den Rumpfwirbeln, im ursprünglichen Zustand jedoch auch an den Halswirbeln, setzen die Rippen an. Sie reichten bei primitiven Reptilien bis nahe an die Beckenregion heran, im Gegensatz zu den mit einem Zwerchfell atmenden Säugetieren (Mensch). Jene bilden Rippen nur bis zur Mitte des Rumpfes aus, um die Atmungsbewegungen zu ermöglichen. Die zentralen drei bis vier Wirbel des Beckenbereichs (Sacralregion) sind bei vielen Wirbeltieren miteinander verschmolzen, was die Stabilität erhöht und ein Widerlager für die Beckenknochen bildet. Am ventralen (auf der Bauchseite gelegenen) Bereich der Schwanzwirbel saßen meist noch zusätzliche knöcherne Gabeln, die Haemapophysen, die sich von Stützelementen zentral verlaufender Blutgefäße herleiten lassen. Sie sind besonders gut an den extrem langen Schwänzen der Sauropoden, der Schwanenhalsdinosaurier, zu erkennen. Die letzten Schwanzwirbel der meisten Dinosaurier wiesen praktisch keine Fortsätze auf; selbst die Neuralbögen und die Haemapophysen waren reduziert. Nur die massiv wirkenden, jedoch meist länglichen Wirbelkörper kontaktierten einander.

Am Schultergürtel und Beckengürtel gelenken (artikulieren) die Extremitäten (Abb. 6). Wenngleich die Vorder- und Hintergliedmaßen grundsätzlich ähnlich gebaut sind, wie wir im folgenden sehen werden, so sind beide Gürtel recht unterschiedlich in ihrer Anlage. Der Schultergürtel leitet sich primär von weit hinten gelegenen Teilen des archaischen, kapselartigen Hautknochenpanzers des Schädels früher Wirbeltiere (Urfische) ab. Der Schultergürtel liegt daher dem Rippenkorb umhüllend und beweglich auf und ist in seiner Lage nur durch Muskulatur und Bänder fixiert. Bis auf eine Ausnahme (Flugsaurier) ist niemals ein direkter Kontakt zwischen Schultergürtel und Wirbelsäule ausgebildet. Lediglich auf der Bauchseite können beide Hälften des Schultergürtels miteinander über das Brustbein verbunden sein. Die Lage des Schultergürtels (und somit auch der Vorderextremität) kann in der

Rekonstruktion nur eine relative, eine Ruhelage sein. Die Grenze zwischen dem letzten Halswirbel und dem ersten Rumpfwirbel mit seinen kräftigen Rumpfrippen zeigt diese relative Position des Schultergürtels und der Vorderextremität an. Die daraus resultierende hohe Beweglichkeit der vorderen Extremität läßt sich leicht nachvollziehen, wenn man den rechten Arm im weiten Bogen kreisen läßt und mit der linken Hand auf dem Rücken die Rotation des rechten Schulterblattes erfühlt.

Für das Verständnis der Schultergürtel-Region von Dinosauriern sind in erster Linie zwei Knochen wichtig: das Schulterblatt (Scapula) und das Rabenschnabelbein (Coracoid). Seltener können auch die Claviculae (Schlüsselbeine) erhalten sein. Scapula und Coracoid waren in der Regel miteinander zu einem Knochen verschmolzen (Scapulocoracoid); die verbleibende Naht zwischen den beiden Elementen ist jedoch meist deutlich zu erkennen. Beide Knochen bilden exakt an ihrer Grenze gemeinsam die halbkreisförmige Gelenkpfanne für den Oberarm. Zwischen den paarig angelegten Scapulocoracoiden konnte bei Dinosauriern ein Brustbein (Sternum, Sternalplatten) liegen, das oftmals zu großen Anteilen knorpelig war. Damit war es viel schlechter fossil erhaltungsfähig als das verknöcherte Scapulocoracoid.

Im Gegensatz zum Schultergürtel ist der Beckengürtel der Landwirbeltiere – auch des Menschen – mit den Beckenwirbeln verbunden. Er verankert die meist größeren Hintergliedmaßen auf diese Art. Die strenge Seitenansicht des Beckens vermittelt nur ein unvollständiges Bild: In Wirklichkeit ist es eine komplexe, dreidimensionale Struktur, die paarig angelegt ist und aus jeweils drei rechten und drei linken Knochen besteht (Abb 7, 8). Das oben gelegene Element stellt den Kontakt zur Wirbelsäule her, meist über Sacralrippen und Fortsätze der Wirbel selbst. Es wird Darmbein (Ilium) genannt und ist zumeist der größte der drei Knochen. Rechtes und linkes Ilium sind durch die dazwischenliegende Wirbelsäule voneinander getrennt, jedoch mit den Beckenwirbeln selbst zu unterschiedlich hohen Graden verschmolzen – je nach

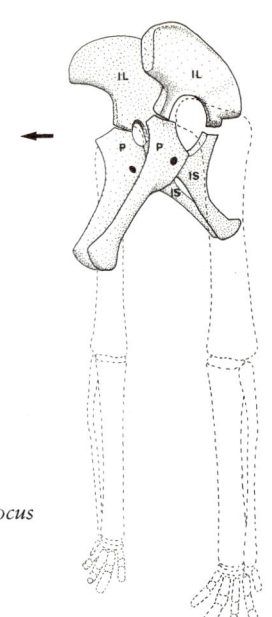

Abb. 7: Das Becken des Saurischiers *Diplodocus*
(Naturmuseum Senckenberg). Die beiden
Pubis-Knochen (P) weisen nach vorn.
Il: Ilium. Is: Ischium. Der Orientierungspfeil
zeigt zum Kopf. Zeichnung: H. W. Fischer.

Dinosaurierfamilie. Im zentralen Kontakt zum Ilium befinden
sich darunter die beiden anderen Knochen; der vordere ist
das Schambein (Pubis), der hintere Knochen das Sitzbein
(Ischium). Die beiden Pubes haben vorn miteinander Kontakt,
ebenso wie sich die beiden nach hinten weisenden Ischia an
ihrem hinteren Ende berühren. Daraus resultiert im Blick von
vorn tatsächlich ein beckenartiges Gebilde.

Auffällig ist nun, daß im Kontaktbereich aller drei Knochen
miteinander eine sehr große Öffnung ausgebildet ist, d.h. beide Beckenhälften sind jeweils durchbrochen angelegt. In diese
zentrale Aushöhlung (Acetabulum) greift der Oberschenkelkopf. Die Ausbildung des durchbrochenen, nicht massiv verknöcherten Acetabulum ist ein Merkmal, das allen Dinosauriern gemeinsam war. Seine Bildung hing sehr eng mit der
Umgestaltung der Hinterextremität zusammen. Die seitlich
abgespreizten Extremitäten der meisten anderen Reptilien

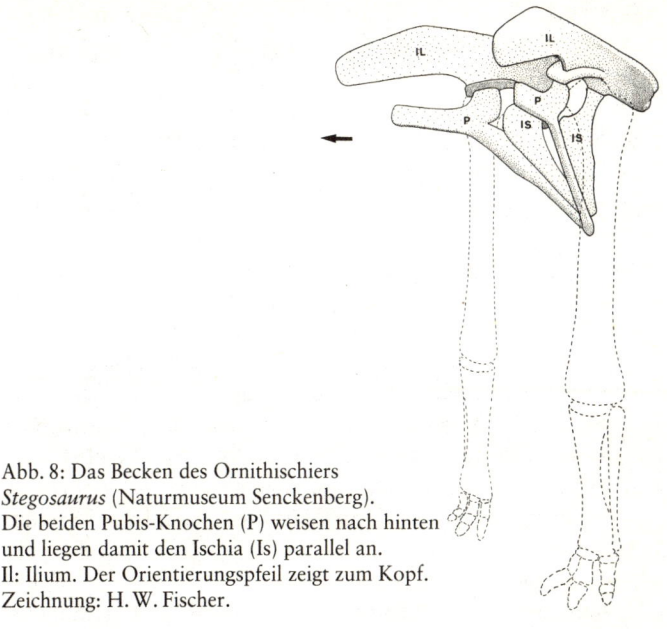

Abb. 8: Das Becken des Ornithischiers
Stegosaurus (Naturmuseum Senckenberg).
Die beiden Pubis-Knochen (P) weisen nach hinten
und liegen damit den Ischia (Is) parallel an.
Il: Ilium. Der Orientierungspfeil zeigt zum Kopf.
Zeichnung: H. W. Fischer.

(z. B. heutige Echsen) erfordern ein massives Becken. Die
Oberschenkelknochen setzen bei ihnen durch das seitliche Abspreizen der Beine horizontal an, und der entstehende Bewe-
gungsdruck des Schubkriechens muß durch eine massive Verknöcherung des Beckeninnenteils abgefangen werden. Bei den
mehr oder weniger aufrecht orientierten Gliedmaßen, dem
weiteren gemeinsamen Merkmal aller Dinosaurier, ist dieses
knöcherne Widerlager nicht mehr nötig: Sie haben den Oberschenkelknochen vertikal unter den Körper gebracht. Daher
wirken keine direkten Kräfte mehr auf das Beckeninnere, und
es kann eine Aussparung entstehen. Zudem kann der vom
Oberschenkelschaft mit einem deutlichen Winkel abgesetzte
Oberschenkelkopf auf diese Art tief in die Beckenstruktur
eingesenkt werden. Dies setzt eine rückenseitig stützende
Struktur im Ilium voraus. Tatsächlich ist eine knöcherne
Auswölbung des vom Ilium gebildeten oberen Knochenrandes

der Acetabulumöffnung deutlich erkennbar. Sie verhindert ein Ausscheren des Oberschenkels nach oben. Insbesondere die beiden Pubes stützen einen Teil der inneren Organe des Körpers ab. Alle sechs Knochen des Beckens stellen unter anderem Ansatzflächen für die Muskulatur der Hinterextremitäten und des Schwanzes dar. Die große Masse der Muskulatur dient dabei dem Beugen und Strecken des Oberschenkels. Jedwede Änderung in der Konfiguration der Beckenknochen zieht damit auch eine veränderte Muskelanordnung nach sich.

Obwohl das Becken des Menschen schon auf den ersten Blick völlig anders aussieht, fällt doch sogleich die große Übereinstimmung des aufrechten Ganges auf. Auch unsere Oberschenkel stehen vertikal unter dem Körper (strenggenommen leicht X-beinig), und auch unser fast kugelrunder Oberschenkelkopf steht mit einem deutlichen Winkel vom Schaft ab, um in die sehr tiefe Gelenkhöhlung zu greifen. Beim Menschen ist allerdings kein durchbrochenes Acetabulum ausgebildet, sondern lediglich ein ausgedünnter Gelenkpfannenboden.

Zusammenfassend läßt sich sagen, daß die Hauptaufgabe der beiden Extremitätengürtel, nämlich die bewegliche Gelenkung der Gliedmaßen relativ zum Körper zu ermöglichen, zwar gleichermaßen zu definierbaren Knochenverbänden führt. Im Falle des Schultergürtels jedoch kommt es bei Belastung zu einem elastischen Abfedern, wie jeder weiß, der einmal auf die Arme/Hände gefallen ist. Der Beckengürtel war bei Dinosauriern gar nicht und ist beim Menschen nur zu einem sehr geringen Anteil beweglich; die Bewegung bzw. mechanische Belastung (z.B. von Sprüngen) wird praktisch nicht abgedämpft und direkt auf die Hinterbeine übertragen. Dies führt z.B. beim Skisport zu den bekannten Knieproblemen.

Die Gliedmaßen der Vorder- und der Hinterextremität sind fast übereinstimmend aufgebaut (Abb. 6). Betrachtet man sie vom Rumpf aus (körpernah) in Richtung Zehenspitzen (körperfern), so folgen sie dem Prinzip: ein Knochen – zwei Knochen – ein Gemenge kleiner Knochen – fünf Knochen – fünfmal mehrere kleine Knöchlein (5 Strahlen = Finger). Nach dieser Grundregel kann man auch als Laie stark abgewandelte und umgestaltete Landwirbeltierextremitäten als solche erkennen.

An dieser Stelle muß jedoch ergänzend hinzugefügt werden, daß die Gelenke von Reptilienknochen niemals die Qualität und den hohen Verknöcherungs- und Ausformungsgrad von Säugetier-Gelenken erreichen, obwohl insbesondere die vogelhaften Dinosaurier letzterem nahe kommen.

Der einzelne, körpernahe Knochen der Vorderextremität ist der Oberarmknochen (Humerus). Er gelenkte bei den Dinosauriern durch seinen eher flach wirkenden, breiten Oberrand mit dem Schultergürtel. Der Mensch weist an dieser Stelle ein stärker kugeliges Gelenk auf, das jedoch nur undeutlich vom Schaft abgesetzt ist und weniger rund als der Oberschenkelkopf. Allgemein gelenkt der Humerus an seinem körperfernen Ende stets mit den zwei nachfolgenden Langknochen, was sich in der Ausbildung eines doppelten Gelenkhöckers niederschlägt. Dabei handelt es sich um Elle und Speiche (Ulna, Radius), die in Form eines Scharniergelenks mit dem Oberarm verbunden sind. Dabei sitzt der Radius innen (auf der Höhe des Fingers I, Daumen = Pollex), die Ulna außen am Skelett (Finger V, „kleiner Finger"). Durch einen knöchernen Fortsatz der Elle, welcher das Hauptgelenk zum Humerus bildet, wird eine Überstreckung des Gelenks verhindert. Das Ellenbogengelenk stellt eine sehr feste Knochen- und Bändersicherung dar. Die Anlage des Unterarms mit zwei Knochen ist für Rotations-Bewegungen von großem Vorteil, was bei der Vorderextremität auch deutlich ausgeprägt ist. Beim Menschen führt dies zur Möglichkeit der 270°-Rotation des Unterarms. Es kommt dabei zur Überkreuzung von Radius und Ulna. Bei schnellen, quadrupeden (vierfüßig laufenden) Säugetieren sind diese beiden Knochen jedoch oft miteinander verschmolzen. Nur die geradlinige, sicher geführte Bewegung ist von Vorteil für sie (z.B. Pferde, Antilopen).

Noch weiter weg vom Rumpf befinden sich viele kleinere Knöchlein, die sogenannten Handwurzelknochen (Carpalia). In der Regel sind zwei Zeilen oder Reihen von Carpalia zu erkennen: Die körpernahe Reihe (meist zwei Elemente) gelenkt mit Radius und Ulna; die körperferne (mehr als zwei Elemente) stellt den Übergang zu den fünf meist längeren Mittelhandknochen (Metacarpalia) dar. An diesen setzen fünf Strahlen (Digiti, Finger) mit jeweils mehreren Fingerknochen (Phalangen) an. Fünf Zehen stellen den ursprünglichen Zustand dar, der im Verlauf der Stammesgeschichte auf bis zu zwei Zehen reduziert werden konnte *(Tyrannosaurus)*. Die Reduktion der Zehen (Finger) selbst geht stets einher mit der Reduktion der Mittelhandknochen. An der Hand des Menschen wurde nichts reduziert, vielmehr wurde das überlieferte Grundmuster um einen hochgradig gegen die anderen Finger beweglichen (opponierbaren) Daumen ergänzt. Dies ermöglicht es uns, auch komplexere Vorgänge wie präzises Greifen und Festhalten zu vollführen. Es gab keine vergleichbaren Hand- bzw. Daumenstrukturen bei Dinosauriern. Die Endglieder der Zehen können recht unterschiedliche Form haben. Bei einigen pflanzenfressenden Dinosauriern sind auch an der Vorderextremität verbreiterte Huf-Strukturen ausgebildet, bei vielen fleischfressenden Dinosauriern spitz zulaufende, gebogene Knochenzapfen für die darübersitzenden scharfen Krallen/Klauen aus Horn.

Grundsätzlich sieht die Hinterextremität vom Bauplan her nicht viel anders aus als die Vorderextremität: Körpernah sitzt der Oberschenkel (Femur), oft der größte Einzelknochen im gesamten Skelett (auch beim Menschen!). Je fortschrittlicher der aufrechte Gang einzelner Dinosauriergruppen war, desto gerader war das Femur gebaut, und desto deutlicher war der Oberschenkelkopf vom Schaft abgesetzt – oft mit nahezu 90°. Unterhalb des Femur sitzen wiederum zwei Knochen an, das Schienbein und das Wadenbein (Tibia, Fibula). Auch hier ist am Femur die entsprechende doppelköpfige Gelenkstruktur deutlich ausgebildet und besonders bei großwüchsigen Dinosauriern gut zu erkennen. Die Tibia ist meist das größere, kräftigere Element, das innen liegt (also am Zeh I, „großer Zeh" = Hallux), die Fibula hingegen kann sehr dünn und spangenartig ausgebildet sein und liegt außen (auf Höhe von

Zeh V, „kleiner Zeh"). Die Rotationsmöglichkeit dieser beiden Elemente war bei Dinosauriern gering. Die Gelenkung mit dem Femur wird durch die Bildung einer Kniescheibe, der Patella, ergänzt. Diese ergibt für den Verlauf der Streckmuskulatur des Oberschenkels zum Unterschenkel einen kleinen Abstand zu den Langknochen, was die Hebelwirkung der Muskeln erhöht. Bei Dinosauriern ist die Patella nur sehr selten erhalten.

Unterhalb von Tibia und Fibula setzen die Fußwurzelknöchelchen (Tarsalia) an. Aus der Vielzahl einzelner Elemente ist hier bei den Dinosauriern eine genau definierte Verschmelzung eingetreten: Zwei der kleineren Knöchlein bildeten ein gemeinsames Produkt (sehr groß: Astragalus). Dieses verschmolz wiederum mit dem dritten Fußwurzelknochen (Calcaneus) und den körperferneren (unteren) Anteilen von Tibia und Fibula zu einem festen, verlängerten Unterschenkel. Interessanterweise verlief bei den Dinosauriern die Gelenk- bzw. Bewegungsachse zwischen Bein und Fuß und somit zwischen den beiden Tarsalia-Reihen (mesotarsales Gelenk). Beim Menschen liegt die Bewegungsachse, wie es typisch für Säugetiere ist, zwischen Tibia/Fibula und der ersten Tarsalia-Reihe.

Die kleinen Tarsalia der zweiten Reihe sind bei Dinosauriern nur selten fossil überliefert und waren oft reduziert. Bei Dinosauriern sind die Metatarsalia (Mittelfußknochen) meist auffällig lang. Hier zeichnet sich ein Trend ab, der quer durch alle Dinosaurierfamilien geht und typisch zu sein scheint: Im Gegensatz zum Menschen, der ein Fußsohlengänger ist (plantigrade Bewegungsweise), waren die meisten Dinosaurier Zehengänger (digitigrade Fortbewegung). Dies wird besonders durch die sehr langen Mittelfußknochen deutlich, welche die Fußsohle weit vom Boden abheben. Bodenkontakt haben nur noch die Zehen selbst (Digiti; Abb. 5). Die Anzahl der einzelnen Zehenknöchelchen bleibt sowohl bei der Hand als auch beim Fuß in der Regel konstant. Dies trifft selbst dann zu, wenn die für Dinosaurier so typischen Reduktionen einsetzen: So bleiben bei bipeden Dinosauriern an der Hand oft nur drei Zehen übrig. Es handelt sich dabei um den I., II. und III. Finger (menschliches Äquivalent: Daumen, Zeigefinger, Mittelfinger). Sie werden von innen nach außen traditionell mit römischen Ziffern belegt. An der Hand verschiedenster Dinosaurier sind es stets die Finger IV und V, die verkümmern (*Tyrannosaurus*: III, IV und V). Der Fuß hingegen zeigt eine andere Art der Reduktion. Er wird bei zahlreichen Dinosauriergruppen dreistrahlig, d. h. er besteht nur noch aus drei großen Zehen. Dabei verkümmern jedoch Zeh I (Hallux) und Zeh V. Dies definiert die verbliebenen drei Zehen als II, III und IV.

Als Endbetrachtung dieses sehr komplexen Kapitels der „Vergleichenden Anatomie zwischen Dinosaurier und Mensch" soll noch einmal auf den Vergleich der Vorderextremität mit der Hinterextremität eingegangen werden. Bei Dinosauriern lagen die Extremitäten unter dem Körper, und nicht mehr seitwärts abgespreizt wie im stammesgeschichtlich ursprünglichen Zustand (Salamander, Eidechsen). In der Skelett-Montage fällt dies dadurch auf, daß der Arm mit seinem Ellenbogen-Winkel stets nach hinten weist, während das Bein mit dem Knie stets nach vorn zeigt. Hierbei handelt es sich um zwei unterschiedliche Abläufe, die ihre Wurzel in stammesgeschichtlichen Vorgaben haben. Obwohl oft postuliert wird, daß bei vollständig seitlich orientierten Beinen die Füße ebenfalls zur Seite zeigen müssen, ist dies im Fossilbericht nicht belegt. Die Vorderfüße zeigen auch im schubkriechenden Habitus grundsätzlich nach schräg-vorn bzw. innen. Parallel dazu wird in der Entwicklung der Landwirbeltiere nun das Ellenbogengelenk dauerhaft nach hinten verlagert, wobei das Bein unter den Körper gebracht wird. Letztlich führt dies zu einer im Ruhezustand andauernden Überkreuzung von Elle und Speiche dieser weiterhin gut umeinander rotierbaren Knochen. Beim Menschen ist dies einfach nachzuvollziehen: Hält man einen Arm gerade nach vorn gestreckt, so sind Elle und Speiche bei nach oben weisendem Handrücken (Pronation) überkreuzt, bei nach unten weisendem Handrücken (Supination) jedoch parallel nebeneinanderliegend orientiert. Dies kann man erfühlen. Der hohe Freiheitsgrad in der Rotationsbeweglichkeit des Unterarms kontrastiert mit der erheblich starreren Anlage des Unterschenkels. Die Hinterextremität als Ganzes unterliegt damit auch nicht der Überkreuzungsproblematik des Tibia-Fibula-Komplexes: Beim Nach-Vorn-Verschieben des Kniegelenks zum Zwecke des Aufrichtens der Hinterextremität wandert der Fuß ohnehin in eine zum Kopf hin weisende Position. Schien- und Wadenbein bleiben dabei praktisch unbeweglich bzw. rotationseinschränkend nebeneinander orientiert. Beim Erreichen des voll aufrechten Ganges kam es bei vielen Landwirbeltieren zur oben erwähnten Reduktion des Wadenbeins. Bei verschiedenen Dinosauriern ist dies gut zu sehen: Die Fibula ist oft nur noch ein schmaler, dünner Knochensteg. Auch beim Menschen ist die dünne Fibula kaum erfühlbar.

Eine weitere Beobachtung an den Extremitäten betrifft das Längenverhältnis der einzelnen Segmente untereinander. Der Mensch ist plantigrad, d.h. er geht auf den Zehenknochen (Phalangen) plus Metatarsalia plus Fußwurzelknochen. Seine Oberschenkelknochen sind recht lang im Verhältnis zum Unterschenkel und besonders im Verhältnis zu den Mittelfußknochen, die bei uns den Hauptteil des Fußgewölbes bilden. Es gab nur wenige Dinosaurier, die einem ähnlichen Bauplan folgten. In der Regel überwog bei ihnen – wie auch bei vielen heutigen Säugetieren – das ebenfalls oben erwähnte digitigrade Gehen. Der Zehengang kann dadurch entstehen, daß die Mittelfußknochen verlängert und vom Boden abgehoben werden können. Damit werden sie praktisch Teil des Unterschenkels – und nicht mehr des Fußes –, was die Länge des Unterschenkels insgesamt erweitert. Die Schrittgeschwindigkeit berechnet sich aus einer Summierung der einzelnen Teilgeschwindigkeiten der Beinsegmente. Wenn also über die Einbeziehung eines weiteren Gelenks (Fußwurzelgelenk) und der darauffolgenden Mittelfußknochen insgesamt drei längere Segmente das Bein bilden, erhöht sich die erreichbare Laufgeschwindigkeit. Beim Sprint nutzt auch der Mensch dies unbewußt aus: Man startet immer von den Zehenspitzen, niemals vom ganzen Fuß aus. Bei besonders schnell laufenden Tieren ist der Oberschenkel relativ zur Länge von Unterschenkel und Mittelfußknochen erheblich kürzer. Dies hängt mit der großen Masse der Laufmuskulatur zusammen, die in erster Linie vom Becken zum Oberschenkel selbst zieht. Zum einen würde eine reine Verlängerung des Oberschenkels eine zu hohe träge Masse dieser Muskulaturstränge erzeugen, zum anderen wirken kräftige, kurze Muskeln erheblich effizienter. Bei den Vögeln ist ein typisches Laufbein entwickelt, in der Regel mit dem charakteristischen, recht kurzen Oberschenkel. Da dieser allerdings meist unter den Federn liegt, ist das eigentliche Kniegelenk – „klassisch" nach vorn weisend – nicht zu erkennen.

3. Dinosaurier und ihre Erkennung

In vielen Museen stehen nicht nur Dinosaurier-Skelette. Neben den relativ einfach zu unterscheidenden fossilen Säugetieren (Bezahnung, Gelenke, etc.) sind oftmals auch weitere Skelette ausgestorbener Reptilien zu sehen. Welche Unterscheidungsmerkmale können hier angewendet werden? Mit einer gewissen Übung sind Dinosaurier allein schon aufgrund ihrer typischen Umrisse oder ihrer absoluten Größe erkennbar. Auch sind große, bipede Reptilien grundsätzlich Dinosaurier, was bei einem großen Teil der Skelette die Entscheidung recht leicht macht. Die kleinen und die nicht-bipeden Dinosaurier sind schwerer zu definieren. Es lassen sich jedoch Merkmale finden, die in ihrer Kombination im Rahmen dieses Buches einen Bestimmungsschlüssel ergeben, der den vereinfachten systematischen Unterteilungskriterien der Fachwissenschaftler entspricht. Nur die Merkmale, die sich auch tatsächlich an Skeletten verschiedener Dinosaurier erkennen lassen, werden nachfolgend aufgeführt. Einige dieser Merkmale teilen die Dinosaurier mit nahen Verwandten, einige andere jedoch sind nur ihnen zu eigen. In der Reihenfolge ihrer Bedeutung handelt es sich zusammengefaßt um folgende Merkmale:

1. Die in tiefen Zahnhöhlen (Alveolen) verankerten Zähne charakterisieren alle als „Archosauromorpha" bezeichneten Reptilien des Erdmittelalters (Abb. 3); dazu gehören die namengebenden „Archosauria" (darunter die Dinosauria) und fünf recht exotische, sehr unterschiedliche weitere Reptilgruppen (extrem langhälsige Formen, andere mit schnabelartigem Oberkiefer, kleine Vertreter mit krokodilartigem Aussehen und spezialisierte Schwimmechsen).

2. Sind jeweils fünf Schädelöffnungen pro Schädelseite vorhanden (Nares, Praeorbitalöffnung, Orbita, obere und untere Temporalöffnung), so handelt es sich in jedem Fall um einen Vertreter der Archosauria (Abb. 6). Dieses Merkmal zeigen sowohl die Dinosaurier als auch die Flugsaurier, die Krokodile und eine oben bereits erwähnte weitere Gruppe altmeso-

zoischer Großreptilien (mehrere quadrupede, z.T. recht große Fleischfresser, eine extrem krokodilähnliche Gruppe, eine pflanzenfressende, stark gepanzerte Gruppe). Dinosaurier, Krokodile und Flugsaurier sind dabei untereinander näher verwandt als mit den anderen Archosauriern.

Der Betrachtungsschwerpunkt des Merkmals „fünf Schädelöffnungen" liegt auf der Ausbildung der Praeorbitalöffnung. Die zwei hinter dem Auge gelegenen Temporalöffnungen treten auch bei einer Vielzahl anderer Reptilien auf, so zum Beispiel bei den Brückenechsen, Echsen und Schlangen (teils modifiziert).

3. Der voll entwickelte mesotarsale Gelenktyp zwischen Unterschenkel und Fuß kennzeichnet sowohl die Dinosaurier als auch die Flugsaurier. Es handelt sich dabei im Gegensatz zum Gelenktyp der Krokodile um eine horizontale Gelenkachse zwischen der mit dem Unterschenkel fusionierten ersten Fußwurzelknochen-Reihe und der zweiten Fußwurzelknochen-Reihe, die dem eigentlichen Fuß (Mittelfußknochen) aufsitzt.

4. In Zusammenhang mit dieser Umgestaltung des Knöchels steht die nur bei Dinosauriern vollständig verwirklichte Verbesserung der Gliedmaßenstellung. Alle Dinosaurier hatten mehr oder weniger senkrecht unter den Körper gebrachte (vertikalisierte) Gliedmaßen. Die stammesgeschichtlich älteren Formen zeigten dabei meist noch unvollkommene Zustände (z.B. *Plateosaurus*). Diese Vertikalisierung basiert darauf, daß insbesondere das Femur einen ausgeprägten und deutlich vom Oberschenkelhals abgesetzten Gelenkkopf ausbildet (Abb. 6).

5. Die Aushöhlung der Gelenkpfanne im Becken ergibt sich ebenfalls aus der aufrechten Anordnung der Gliedmaßen. Die Dinosaurier hatten im Gegensatz zu praktisch allen anderen Reptilien ein durchbrochenes Acetabulum (Abb. 7, 8), das keine horizontalen Kräfte mehr abfangen mußte, wie es bei schubkriechenden Bewegungen notwendig ist. Das Acetabulum der Dinosaurier war nur der vertikalen Kraftübertragung zwischen Femur und Sacrum (Becken) ausgesetzt. Es kann den Oberschenkelkopf zudem tief auffangen. Diese Kraftübertra-

gung führte zu einem verstärkten Knochenkamm am Oberrand des Acetabulums, der vom Ilium gebildet wurde und bei den nach oben wirkenden Bewegungskräften das im Extremfall denkbare Ausscheren („Ausrenken") der Hinterextremität verhinderte. Die Vorderextremitäten der Dinosaurier konnten ebenfalls optimiert unter den Körper gebracht werden, indem sich die Gelenkgrube des Schultergürtels so verlagerte, daß sie direkt nach hinten-unten weist.

Die Vorteile des aufrechten Ganges liegen nicht nur in der besseren Lastverteilung (indirektes Tragen des Körpergewichts), sondern auch in der Verbesserung der Atmung. Sich schubkriechend fortbewegende Tiere schnüren die Lungen bei jeder seitwärts gerichteten, schlängelnden Drehung ein. Die Atmung kann also gerade bei sehr schneller Bewegung nicht kontinuierlich erfolgen, sondern wird immer wieder unterbrochen. Bei vertikalisierten Gliedmaßen hingegen kommt es nicht mehr zum „Ganzkörperschlängeln" (laterale Undulation), was eine durchgehende Atmung ermöglicht.

Man definiert heute noch einige weitere gemeinsame Merkmale für alle Dinosaurier; unter anderem zeigen praktisch alle Funde drei oder mehr Beckenwirbel, und der vierte Finger der Hand konnte aus nur drei oder weniger Phalangen bestehen. Vor wenigen Jahren wurde die Frage um die Verwandtschaft der beiden großen Dinosauriergruppen miteinander noch heiß diskutiert, da man im Gegensatz zu den Ergebnissen des ausgehenden 19. und beginnenden 20. Jahrhunderts davon ausging, daß keine nähere Verwandtschaft bestand. Aufgrund der oben aufgeführten Merkmale definiert man die Dinosaurier heute wiederum als sogenannte „natürliche Gruppe": Die beiden großen Dinosauriergruppen stammen von einem gemeinsamen Vorfahren ab und sind damit untereinander die nächsten Verwandten („Schwestergruppen" der phylogenetischen Systematik) – in Abgrenzung von den übrigen Archosauriern.

4. Dinosaurier und ihre Vielfalt

Nachfolgend werden die neun Hauptgruppen von Dinosauriern in Hinblick auf ihre Skelette behandelt. Fünf dieser Großgruppen gehören zu den Saurischiern, vier davon zu den Ornithischiern. Diese beiden Typen sind in der Anlage ihres Beckens deutlich voneinander unterscheidbar. Die Saurischier (Echsenbeckendinosaurier) haben ein rundum „klassisches" Becken – klassisch in Hinblick auf ihre Vorfahren und ihre nächsten Verwandten. Es zeigt außer der für alle Dinosaurier typischen Fenestrierung des Acetabulums und der Kammbildung des Iliums kaum weitere Spezialisierungen und stellt daher letztlich nur eine übernommene Merkmalsstruktur dar. Es ist in seiner Grundform also nicht nur für Saurischier typisch.

In der dreidimensionalen Ansicht (Abb. 7) sind das rechte und das linke Ilium zu erkennen; die Wirbelsäule verläuft prinzipiell dazwischen. Unterhalb des Ilium sitzt das Pubis an, das nach vorn-unten weist. An der Spitze sind rechtes und linkes Pubis miteinander verbunden. Nach hinten-unten weist das Ischium; auch hier haben beide Ischia hinten Kontakt. Da beide untere Knochen grundsätzlich schräg zur Mitte hin angeordnet sind, ergibt sich dreidimensional eine wannenartige Struktur, deren vordere Anteile zumindestens in der ursprünglichen Konfiguration – wie sie bei den Saurischiern vorliegt – eine stützende Funktion für den hinteren Teil des Eingeweidesacks hatten. Im Gesamtbild ist das Becken dreistrahlig, wobei der Winkel zwischen Pubis und Ischium recht groß ist.

Bei den Ornithischiern (Vogelbeckendinosauriern) tritt hingegen eine einmalige, innerhalb der Archosauromorpha völlig neue Beckenkonfiguration auf. Sie wird wegen der gemeinsamen Abbildungsform bereits an dieser Stelle (Abb. 8) mit dem Saurischier-Becken verglichen. Beide Ilia der Ornithischier liegen wiederum parallel zur Wirbelsäule, sind also horizontal orientiert. Die Ilia der Ornithischier wirken meist weniger kantengerundet als die der Saurischier. Die nach hinten-unten weisenden Ischia sind wiederum in der Orientierung anzutreffen, die auch bei den Saurischiern vorliegt. Die beiden Pubes allerdings stehen in einer völlig anderen Lagebeziehung: Sie weisen nicht nach vorn-unten, sondern – ebenso wie die Ischia – nach hinten-unten und liegen damit letzteren in paralleler Erstreckung sehr nahe an. Dies ist eine gewaltige Abweichung vom Grundbauplan der Dinosauriervorfahren, auch wenn es für den unbefangenen Betrachter nicht so scheinen mag, und diese Abweichung definiert alle Ornithischier als eine völlig eigenständige Gruppe. Natürlich zieht dies auch eine Umstrukturierung der Hüftmuskulatur nach sich, die zu erklären hier allerdings aus Platzgründen nicht möglich ist. In jedem Fall hat sich diese Umstrukturierung langfristig offensichtlich nicht bewährt. Die modernen, weit entwickelten Ornithischier des späten Erdmittelalters bilden weit vorn an den Pubes einen neuen Fortsatz aus, der wiederum in dieselbe Richtung zeigt wie die alte Pubis-Konfiguration der Saurischier und restlichen Archosaurier. Diese Rückkehr zur alten Struktur mit neuen Mitteln ist ausgesprochen auffällig und auf den ersten Blick meist nicht als echtes Ornithischier-Becken zu erkennen (z. B. *Triceratops*). Das Becken der Ornithischier wird als „vogelähnlich" bezeichnet, weil auch die Vögel ein vollständig nach hinten-unten weisendes Pubis aufweisen. Bei den Vögeln fällt allerdings auf, daß das Becken keine tragenden bzw. stützenden Funktionen für bestimmte Eingeweide-Partien erfüllt. Dies liegt an dem gewaltig großen Brustbein mitsamt dem knöchernen Brustkorb, welche beide offensichtlich diese Aufgaben übernehmen.

5. Die Saurischier

In Ermangelung einer Besonderheit an der „klassischen" Bekkenkonfiguration muß als gemeinsames Merkmal aller Saurischier die Struktur der Hand angegeben werden. Die einzelnen Finger sind unterschiedlich ausgebildet; der ursprüngliche Zustand wäre eine fünfstrahlige Hand mit weitgehend gleichartigen und gleich langen Fingern/Zehen. Der kräftige Daumen der Saurischier ist deutlich von den anderen Fingern abgesetzt. Der zweite Finger ist der längste; dritter, vierter und fünfter Finger sind zum Außenrand hin fortschreitend kürzer. Die Gestalt der Hand wird als Greifhand interpretiert. Sie ist mit der menschlichen Greifhand mit ihrem opponierbaren Daumen jedoch nicht vergleichbar, war aber vermutlich in gewissem Umfang in der Lage, fassende oder hebende Bewegungen auszuführen. Bei den großwüchsigen pflanzenfressenden Saurischiern (Sauropodomorphen) wandelte sich die Hand unter der Maßgabe extrem hoher Körpergewichte nochmals stark ab. Bei den fleischfressenden Saurischiern (Theropoden) unterliegt die Hand vielseitigen Abwandlungen, unter anderem der Transformation zur Vogelhand.

Die ältesten derzeit bekannten Dinosaurier sind Saurischier und stammen aus der Mittleren Trias der Ischigualasto-Formation Nordwestargentiniens. Die dortigen Fundschichten überlieferten allein zwei verschiedene, bipede Saurischier, nämlich den mittlerweile recht gut bekannten *Herrerasaurus* und den erst vor kurzem entdeckten *Eoraptor*. Beide sehen auf den ersten Blick wie kleinere Raubdinosaurier aus. *Eoraptor* zeigt jedoch im vorderen Teil der Bezahnung eher Ähnlichkeiten zu frühen Sauropodomorphen (blattförmige, an der Basis eingeschnürte Zähne). Diese Formen stehen der Stammform beider Saurischiergruppen vermutlich sehr nahe. Die endgültige Aufspaltung in die Sauropodomorphen auf der einen Seite und die Theropoden auf der anderen Seite muß also spätestens in der Mittel-Trias bereits vollzogen gewesen sein.

5.1 Die Sauropodomorpha

Die Sauropodomorphen umfassen sowohl die triassischen Prosauropoden als auch die überwiegend jurassischen, jedoch bis in die Kreide reichenden, eigentlichen Sauropoden. Obwohl der Begriff „Prosauropoden" impliziert, daß es sich um Vorstufen der Sauropoden handelt, müssen diese Formen als frühe Verwandte, nicht jedoch als direkte Vorläufer der Sauropoden angesehen werden. Es ist tatsächlich schwer, überhaupt eine eindeutige Definition für alle Sauropodomorphen zu finden. Meist werden pauschal der sehr kleine Schädel, der verlängerte Hals (mindestens 10 Wirbel), die Tendenz zu Riesenwuchs und die damit zusammenhängenden säulenförmigen Beine mit kurzen Füßen angegeben. Man sollte jedoch auch die charakteristischen spatelförmigen Zähne und die außerordentlich kräftigen Klauen am jeweils ersten Finger (Pollex und Hallux) von Hand und Fuß berücksichtigen.

5.1.1 Prosauropoda

Diese Merkmale sind auch bereits bei den erheblich kleineren Prosauropoden zu erkennen. Der deutsche *Plateosaurus* (Abb. 3) war ein typischer Vertreter dieser fast weltweit vorkommenden und offensichtlich erfolgreichen (häufigen) Gruppe. Es wurde lange gerätselt, ob die Prosauropoden in erster Linie zweibeinig liefen oder ob die vierbeinige Fortbewegung vorherrschend war. Die Vorderextremitäten sind bei allen Prosauropoden verhältnismäßig klein und erlauben durchaus eine bipede Lokomotion. Heute geht man von einer überwiegend quadrupeden Lebensweise aus, wobei sich die Prosauropoden noch aufrichten konnten. Dies wird als fakultative Quadrupedie bezeichnet, also die Möglichkeit und das Überwiegen der vierfüßigen Fortbewegung bei gleichzeitiger Möglichkeit des zeitweisen zweibeinigen Bewegens. Wahrscheinlich hing die allgemein aufrechte Gangart der Prosauropoden zum guten Teil noch von muskulöser Aktivität ab; die Anatomie des Beckens spricht für ein muskelgestütztes Vertikalisieren der Beine (noch nicht „passiv", voll aufrecht). Prosauropoden besaßen hohe, seitlich abgeflachte Zähne mit feinen Zähnelungen (Serrationen) auf der Vorder- und der Hinterkante. Feine Serrationen kamen auch bei Fleischfresserzähnen vor, wo sie zunächst auch passender erscheinen (Typ „Steakmesser"). Vergleiche haben aber ergeben, daß die Serrationen der Prosauropoden wie die einiger anderer Reptilien nicht im rechten Winkel zur Zahnkante stehen, sondern daß sie schräg nach oben weisen (ca. 45°) bzw. voneinander weg divergieren und unterschiedliche Winkel haben. Heutige herbivore Reptilien wie die Leguane weisen vergleichbare Zähne auf. Es handelt sich also um einen ganz anderen Typ von Serration als bei den Fleischfressern. Er war eher zum Blattschneiden geeignet. Dies definiert auch die Prosauropoden mit sehr hoher Wahrscheinlichkeit als vorwiegende Pflanzenfresser. Es sei jedoch darauf hingewiesen, daß die Form der Bezahnung allein noch keine sichere Aussage erlaubt. Bei der nahen Verwandtschaft der Prosauropoden zu den frühesten Theropoden wäre eine teilweise carnivore bzw. aasfressende Ernährung rein theoretisch nicht von der Hand zu weisen. Zudem kann man heute nicht mehr ableiten, unter welchen Bedingungen die Tiere eventuell vom „normalen" Speiseplan abgewichen sind. Im Falle der Prosauropoden sind jedoch bei einigen afrikanischen Formen zweifelsfrei Magensteine nachgewiesen worden, die ganz offensichtlich in ein für Pflanzenfresser typisches Verdauungssystem einer „gastric mill" („Magenmühle") gepaßt haben. Dieser englische Terminus illustriert sehr prägnant die Funktionsweise dieser Steine innerhalb eines Muskelmagens, wie ihn auch viele heutige Vögel besitzen, zum verbesserten Aufschließen pflanzlicher Nahrung. Man geht davon aus, daß die Prosauropoden mit ihren geriefelten Zähnen Pflanzen ausrupften und grob vorschnitten, dann jedoch ohne einen Kauvorgang verschlangen.

Die Prosauropoden besiedelten sehr erfolgreich große Teile der Erde; man kennt nord- und südamerikanische Vertreter ebenso wie afrikanische, chinesische und europäische. Da während der Trias alle Kontinente noch weitgehend zusammenhingen (Pangaea, Abb. 2), war diese gleichmäßige Besiedlung möglich. Zu Beginn des Jura starben die Prosauropoden aus.

5.1.2 *Sauropoda*

Die Sauropoden waren, vereinfacht ausgedrückt, die konsequente Weiterentwicklung der Prosauropoden-Trends: Die Quadrupedie wurde aufgrund der enormen Körpergrößen zwingend (obligatorisch), und außer einem kurzzeitigen Aufrichten auf die Hinterbeine war eine zweibeinige Fortbewegung mit Sicherheit nicht mehr möglich. Alle Sauropoden hatten kleine Köpfe, sehr lange, horizontal getragene Hälse mit spezialisierten Halswirbeln, eine ausgeprägte Kugelgelenkung zwischen den einzelnen Wirbelkörpern der gesamten Wirbelsäule und in der Regel sehr lange Schwänze.

Die Sauropoden traten im Unteren Jura auf. Ihren Entwicklungshöhepunkt erreichen sie im Übergang vom Jura zur Kreide. Man unterscheidet mehrere Typen von Sauropoden: Besonders häufig waren die Diplodocidae (Abb. 9; Endung „-idae" für Familien in der zoologischen Systematik). Sie zeichneten sich durch kleine Schädel mit weit oben liegenden Nasenöffnungen und charakteristischen, meist schräg nach vorn weisenden Zähnen aus, die nur im vorderen Bereich der Schnauze saßen. Die Zähne waren weder sehr differenziert ausgebildet noch sehr robust. Die Diplodociden hatten besonders lange Hälse mit kurzen Halsrippen an den hochspezialisierten Wirbeln. Um die langen Hälse tragen zu können, war zum einen das Gewicht des Knochens reduziert, indem sich diverse Hohlraumsysteme ausbildeten. Zum anderen entstan den zahlreiche spangenartige Fortsätze und Verstrebungen, die genug Ansatzflächen für die umfangreiche Halsmuskulatur und die tragenden Ligamente aufwiesen. Oft sind Neuralbogen und Wirbelkörper am montierten Skelett durch die Vielzahl von Spangen und Vertiefungen kaum zu unterscheiden. Neben den extrem langen Hälsen hatten Diplodociden auch extrem lange Schwänze (ca. 80 Wirbel). Die letzten

Schwanzwirbel bestanden nur noch aus den verlängerten Wirbelkörpern. Dadurch wirkte der Schwanz im hinteren Teil peitschenartig und konnte sicherlich gut zur Verteidigung genutzt werden. Heutige Warane schlagen ebenfalls kräftig mit ihrem Schwanz, wenn sie bedroht werden.

Die Vorderbeine der Diplodociden waren verhältnismäßig kurz. Zudem waren die vielen Knöchelchen der Hand- und Fußwurzel auf ein bis zwei Reste reduziert. Gerade am Tarsus erkennt man nur noch einen einzigen Knochen (den Astragalus). Wahrscheinlich waren große Teile des Fußgelenkbereichs wie heute bei den Elefanten stark verknorpelt, um die Beweglichkeit trotz des extrem hohen Körpergewichts zu bewahren. Typische Vertreter der Diplodocidae waren *Diplodocus* und *Apatosaurus* (vormals *Brontosaurus*). Gerade bei den Diplodociden fällt auf, daß die Gliedmaßenknochen im Verhältnis zur Gesamtkörpergröße nicht so massiv und robust erscheinen, wie es zu erwarten gewesen wäre. Ein ähnliches Prinzip begegnet uns bei den heutigen Elefanten: Vergleicht man ihre Gliedmaßenknochen mit denen von verschieden großen anderen Landsäugetieren, so fällt auch hier die relative Feingliedrigkeit auf. Man interpretiert dies – auch im Hinblick auf die Sauropoden! – dahingehend, daß solche Giganten nicht die Robustizität der Knochen proportional zum Größenwachstum erhöhen, sondern daß sie eine extreme Form des passiven Tragens des Körpers verwirklichen. Dies geschieht durch eine deutlich verbesserte Gliedmaßenstellung. Da die Gliedmaßenknochen trotzdem empfindlich gegenüber Überlastung und Druck sind, geht bei den heutigen Elefanten ein bestimmtes Verhaltensmuster mit diesem Problem einher: Sie bewegen sich meist langsam und gemächlich. Sie können nicht wirklich galoppieren, sondern kommen höchstens in einen „Trab" mit hoher Schrittfrequenz. Nie ist nur ein Bein allein auf dem Boden und muß die Belastung abfangen. Elefanten springen zudem niemals; tun sie es doch bzw. werden sie dazu gezwungen, wie unter Zirkus-Bedingungen wohl verschiedentlich vorgekommen ist, so zieht dies nur schwer verheilende Knochenbrüche nach sich. In freier Wildbahn wären solche Tiere

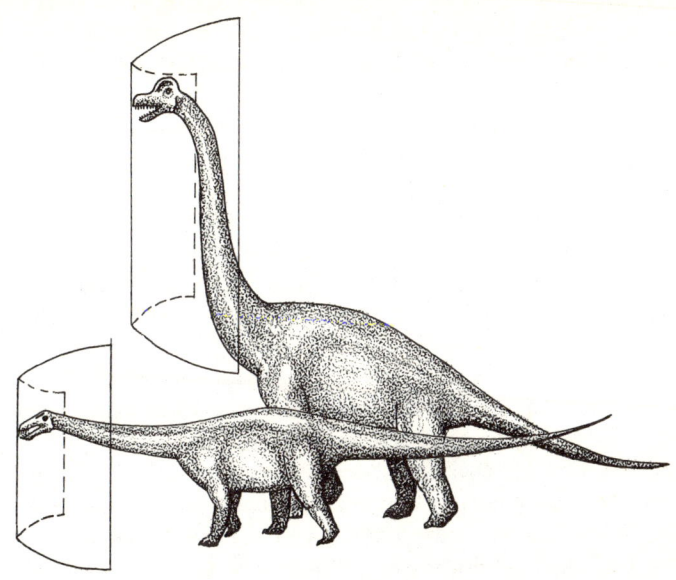

Abb. 9: Die erschlossenen Nahrungsflächen der Diplodociden (*Cetiosaurus;* horizontale Wirbelsäule) und der Brachiosauriden (*Brachiosaurus;* vertikale Wirbelsäule) durch die tatsächliche Beweglichkeit des Halses.

nur selten überlebensfähig. Aktualistisch geht man heute davon aus, daß die Diplodociden – wie auch die anderen Sauropoden – vom Habitus her elefantenähnlich waren und auch so gelebt haben dürften. Vermutlich bewegten auch sie sich eher gemächlich voran und vermieden Extrembelastungen bis zu einem gewissen Maß. Ihre ebenfalls säulenartigen Beine trugen den Körper passiv.

Eine weitere Gruppe von Sauropoden sind die Camarasauridae, eher etwas kleinere, recht robust gebaute Formen. Sie unterscheiden sich insbesondere in der Struktur des Schädels, der erheblich schwerer und kräftiger ist als bei den Diplodociden und zudem auf gesamter Länge des Kieferrandes kräftige, spatelförmige Zähne trug. Die Nasenöffnungen sind sehr groß und sitzen seitlich vor den Orbitae. Camarasaurier haben relativ kürzere Hälse als Diplodociden und vor allem im Verhältnis längere Vorderbeine, ebenfalls mit reduzierten Fußwurzelknochen. Der bekannteste Vertreter der Camarasauriden ist die namengebende Gattung *Camarasaurus* aus dem Oberjura der USA, aber auch der mongolische Vertreter *Opisthocoelicaudia* ist trotz fehlenden Schädels gut untersucht.

Die dritte gut definierbare Gruppe der Sauropoden sind die allseits bekannten Brachiosauridae, deren imposantester Vertreter *Brachiosaurus* in der historischen Montage im Museum für Naturkunde der Humboldt-Universität zu Berlin zu bewundern ist (Abb. 9; siehe Kap. 7.1). Alle Brachiosauriden hatten wiederum etwas andersartig gebaute Schädel, die den Camarasauriden noch am ähnlichsten sahen. Sie zeigten ein sehr hohes Auswachsen der Nasenregion und weniger stabile Zähne. Das entscheidende Merkmal der Brachiosauriden ist jedoch, daß sie längere Vordergliedmaßen als Hintergliedmaßen hatten. Dieses in der Stammesgeschichte der vierfüßig laufenden Landwirbeltiere überaus seltene Phänomen tritt heute bei keinem einzigen Landsäugetier mehr auf! Eine Ausnahme bilden die langen Greifarme der Affenartigen, die jedoch durch ihre Kletterfunktion definiert sind und nicht durch reines Bodenleben. Derart hohe Vorderextremitäten gehen natürlich Hand in Hand mit einer erhöhten Lage des Schultergürtels, der somit bei den Brachiosauriden oberhalb des Niveaus des Beckengürtels saß. Dies war mit einem vertikal verlaufenden Hals kombiniert, der bei der Gattung *Brachiosaurus* selbst in Höhen von ca. 12 m reichte, obwohl das Tier nicht so lang wurde wie beispielsweise *Apatosaurus*. Der Schwanz der Brachiosauriden ist im Verhältnis zu den anderen Sauropoden kurz. Eine bekannte weitere Form der Brachiosaurier ist der noch größere, jedoch nur unvollständig überlieferte *Ultrasaurus*.

Von den übrigen Sauropodengruppen ist weniger bekannt als von den Diplodociden, Camarasauriden und Brachiosauriden, die ihren Entwicklungshöhepunkt im Oberen Jura haben und danach weitgehend aussterben. Die Familie der Titanosauridae umfaßte überwiegend die überlebenden Sauropoden der Kreide, die jedoch meist nur unvollständig erhalten sind. Sie sind durch die besonders hohe Zahl von sechs Sacralwirbeln aber leicht zu identifizieren. Die überraschenden Funde von Titanosauriern aus der obersten Oberkreide der französischen Lokalität Esperaza (Département Aude) werden das bislang sehr von den beiden Amerikas dominierte Bild der Titanosauriden-Evolution in den nächsten Jahren sicherlich erweitern. An die Grabungsstelle ist ein Museum angeschlossen, das eines der 12–15 m langen Titanosaurier-Skelette zeigt *(Ampelosaurus)*.

Zu nennen sind noch die sehr ursprünglichen und auch früh auftretenden (Unterer Jura) Cetiosauridae, die im Gegensatz zu den höher entwickelten Sauropoden noch keine ausgeprägten Hohlräume an den Halswirbeln aufwiesen.

An einem Vertreter der Cetiosauridae, nämlich *Cetiosaurus* selbst, wurde in den ausgehenden 80er Jahren die tatsächliche Beweglichkeit der Halswirbelsäule von Sauropoden exemplarisch getestet. Dabei wurde ein montiertes Skelett wieder auseinandergenommen und Halswirbel für Halswirbel unter Abschätzen der hinzukommenden Gelenkknorpelanteile auf die Bewegungsmöglichkeiten hin untersucht. *Cetiosaurus* und somit auch die vom Bauplan gleichen Diplodociden und Titanosauriden waren nicht in der Lage, den Hals mitsamt dem Kopf in einem 90°-Winkel in die Höhe zu recken, wie oft rekonstruiert wurde. Vielerlei Fortsätze an den Wirbeln verhinderten diese Extrembewegungen. Auf der anderen Seite ergab sich aber allein durch die gute seitliche (laterale) Beweglichkeit in Kombination mit den Maxima an vertikaler Bewegung eine hinreichend große, halbzylinderförmige „Fläche" der Beweglichkeit (Abb. 9).

Man kann den so vermuteten Freßvorgang bei den Diplodociden, Titanosauriden und Cetiosauriden wie folgt beschreiben: Sie begannen beispielsweise „links oben" zu fressen, um dann den kleinen Kopf mit einem Minimum an Energieaufwand gemächlich nach rechts zu führen, auf diesem Wege die vor ihnen liegende Vegetation abrupfend. Immer noch in derselben Haltung des Körpers konnte der Kopf dann rechts-links-rechts-links allmählich nach unten geführt werden, um die gesamte Nahrungsfläche zu nutzen. Erst dann war überhaupt ein weiterer, einzelner Schritt des Tieres nach vorn nötig. Dies entspricht ungefähr der Wirkungsweise eines gigantischen Staubsaugers. Erst nach dem völligen Ausnutzen einer solchen halbzylindrischen „Nahrungserschließungsfläche" war es für das Tier notwendig, sich weiterzubewegen. Das zeitgleiche, sehr erfolgreiche Auftreten der verschiedenen Sauropodenfamilien ist dadurch gut zu erklären: Das tiefere Ausnutzen von Vegetationsarealen der oben genannten drei Familien kontrastiert mit den vertikalisierten Brachiosauriden-Hälsen, die ihrerseits zwar extreme Höhen erschließen konnten, aber wohl nicht in der Lage waren, sonderlich tief hinabzugreifen. Somit haben sich die verschiedenen Gruppen wahrscheinlich nur wenig Konkurrenz gemacht. Die Camarasauriden wiederum zeigen besonders stabile Zähne und waren – grundsätzlich auf der Höhe der horizontal fressenden Sauropoden – offensichtlich auf etwas härtere Nahrungspflanzen spezialisiert. Diese Erkenntnisse werden durch Beobachtungen an Zähnen untermauert: Im Zahnschmelz der Sauropoden-Zähne haben sich unterschiedliche Typen von Abnutzung in Form von Riefen und Grübchen erhalten. Hierbei zeigen die Zähne der erwachsenen Camarasauriden und der Brachiosauriden besonders intensive Einwirkungen, wohingegen die Zähne der jungen Camarasauriden und der Diplodociden erheblich schwächere Riefen und überhaupt keine Grübchen aufweisen. Man deutet dies dahingehend, daß (a) die Futterpflanzen der Brachiosauriden und Camarasauriden in irgendeiner Weise besonders „hart" waren – wobei Sandbeimischungen des Bodens nur begrenzt zu berücksichtigen sind – und daß (b) die Diplodociden grundsätzlich andere, weichere pflanzliche Nahrung fraßen. Hierbei scheinen jedoch die jungen Camarasauriden („Teenager") eher der Diplodociden-Nahrung vergleichbare Pflanzen gefressen zu haben, da ihre Zähne relativ schwach gerieft sind. Erst im Übergang zum Erwachsenwerden fand ein Wechsel hin zu „stabileren" pflanzlichen Ressourcen statt. Es gibt verschiedene Pflanzen, die Kieselsäure in ihr Zellgefüge einlagern; die Kieselsäure hinterläßt dann um so stärkere Spuren an der Bezahnung von Landwirbeltieren. Auch die auffällige Zahnreduktion im hinteren Kieferbereich der Diplodociden spricht für einen solchen basalen Unterschied: Bei den Diplodociden kann man wohl von einem „Abrupfen" der Futterpflanzen an der Schnauzenspitze ausgehen, ähnlich wie es bei vielen heutigen Pflanzenfressern wie Pferden und Rindern ausgebildet ist, allerdings ohne die dahintergelegene Backenzahnregion dieser Säugetiere. Für alle Sauropoden muß daher das Problem der Verdauung diskutiert werden. Die Verdauungsenzyme der Wirbeltiere können pflanzliche Zellulose nicht aufschließen. Man muß also davon ausgehen, daß in irgendeiner Weise den heutigen pflanzenfressenden Säugetieren vergleichbare Sonderbildungen im Verdauungstrakt vorhanden gewesen sein müssen, z.B. Pansen mit darin enthaltenen Bakterien. Rein theoretisch hatten die ausgewachsenen Sauropoden gegenüber allen kleineren Tieren den Vorteil, daß erheblich größere Nahrungsmengen entsprechend länger in dem gigantisch großen Verdauungstrakt verweilen konnten. In Ermangelung der Weichteilkenntnisse lassen sich die Verdauungsstrukturen jedoch nicht näher beschreiben.

Das überaus hohe Körpergewicht der Sauropoden bedingte wahrscheinlich nicht nur säulenförmige Beine und kurze Füße. Die Fußstrukturen deuten vom Kontaktbereich der einzelnen Zehenknochen eine leichte Erhöhung zur Ferse hin an (besonders bei *Brachiosaurus*), was in der Montage der meisten Museums-Sauropoden gut erkennbar ist. Sollte hier wiederum eine Analogie zu den Elefanten vorliegen, so besaßen die Sauropoden ein elastisches Gewebepolster darunter. Dies wird auch durch die bisher bekannten, sehr elefantenfußähnlichen Fährtenmuster von Sauropoden unterstützt. Der meist rundliche Abdruck hinter den vorn gelegenen, kurzen Zehen (wobei auch hier stets die erste Zehe dominiert) spricht sehr stark für ein solche Deutung; es ist das Prinzip der Jogging-Schuhe. Die hauptsächliche Belastung liegt stets auf der Ferse, dem „Hacken", was der Mensch durch leicht erhöhte und zudem meist absorbierende Sohlenstrukturen abzufangen versucht. Die vorhandenen, meist eng beieinanderstehenden (eng schnürenden) links- und rechtsseitigen Fußspuren in den meisten Fährtenlokalitäten der Erde (in der Regel jurassisch, seltener kreidezeitlich) beweisen den voll aufrechten Gang der Sauropoden mit den Extremitäten direkt unter dem Körper (siehe Kap. 7.3). Interessante neuere Fährtenfunde stammen aus dem mittleren Jura der Region von Fatima in Portugal. Die Zuordnung solcher Fährten zu den Sauropoden geschieht zum einen durch die Fußstruktur, zum anderen durch die allgemeine Größe, die selbst innerhalb der Dinosaurier für keine andere Gruppe in Frage kommt. Da jedoch nur sehr selten Spuren ihrer enorm langen Schwänze erhalten sind, beweist dies, daß die Sauropodenschwänze horizontal getragen wurden und nicht auf dem Boden nachgeschleift. Dieser indirekte Beweis wird durch anatomische Hinweise bekräftigt: Die direkt hinter dem Becken befindlichen Schwanzwirbel 20–23 waren in der Regel miteinander verschmolzen, was zu einer automatischen Versteifung des vorderen Teils der Schwanzwirbelsäule führte. Es handelt sich hierbei nicht um pathologische Strukturen, wie sie auch gelegentlich vorkamen (z. B. nach Verletzungen), sondern um reguläre Ausbildungen. Bei einem Teil der Funde aus Massenfundorten waren diese Wirbelverschmelzungen jedoch ausgeprägter als bei anderen. Hier könnte indirekt ein Geschlechterunterschied vermutet werden (Sexualdimorphismus), was bei einigen Autoren zu abenteuerlichen Vermutungen über denkbare Paarungsrituale dieser Giganten geführt hat.

Zum Stoffwechsel der Sauropoden sei an dieser Stelle nur kurz ausgeführt, daß ihre enorme Körpergröße in jedem Fall zu einer verzögerten Wärmeabgabe geführt haben muß. Dies ist getrennt vom generellen Typ der Thermoregulation (Grundstoffwechsel) zu betrachten, sei dieser „kaltblütig" (ektotherm, also von Außenwärme abhängig) oder „warmblütig" (homoiotherm, also von der Außenwärme wegen eigener Wärmeerzeugung unabhängig). In der Tat liegen zwischen diesen beiden Extremen diverse Übergangsformen, die wir uns bei der heutigen Betrachtungsweise von Reptilien und Säugetieren nur nicht vorstellen können. Im Falle der Sauropoden geht man mittlerweile von einer grundsätzlichen „Ektothermie" aus, die durch die gewaltige Körpergröße sicherlich zu einer erheblich verbesserten Wärmeaufstauung führte, was beim gleichwarmen Säugetier bereits zu enormen Überhitzungsproblemen führen würde. Diese Art des Stoffwechsels wird als „Gigantothermie" bezeichnet – ein überaus treffender Begriff.

Funde von verknöcherten Hautplatten bei Titanosauriden legen zur Zeit den Verdacht nahe, daß zumindestens ein Teil der Sauropoden ein gewisses Maß an Körperpanzerung aufgewiesen haben könnte. Bei Rekonstruktionen werden zudem neuerdings markante Rückenkämme hinzugefügt.

Diplodociden, Camarasauriden und Brachiosauriden stellten mit Sicherheit überaus attraktive Fleischreserven für die nächste zu behandelnde Gruppe der Saurischier dar, die carnivoren Theropoden.

5.2 Die Theropoda

Wie die frühesten Saurischier aus der mittleren Trias waren auch die Theropoda Fleischfresser mit den typischen, nach hinten gekrümmten und seitlich abgeflachten Steakmesser-Zähnen. Die Zähnelung (Serration) an den Kanten fossiler Theropodenzähne ist etwa im 90°-Winkel zu den Schneidekanten angelegt. Unter den zahlreichen Merkmalen der Theropoda sind die zusätzliche kleine Öffnung vor dem Praeorbitalfenster (eine Art „zweites, kleines Praeorbitalfenster" im Maxillare; Maxillarfenster) zu nennen, das Becken mit mindestens fünf Sacralwirbeln (bei zunehmender Verschmelzung: Stabilisierung) und die stets reduzierte Hand mit einem teilbeweglichen (semi-opponierbaren) Pollex. Die Hinterfüße aller Theropoden waren dreizehig. Dieses Merkmal vereint die bisher bekannten fossilen Vertreter (und darüber hinaus auch die Vögel). Wie oben bereits besprochen, ist der I. Strahl nur ein kurzes, reduziertes Anhängsel auf der Innenseite des Fußes und hat keinen Bodenkontakt. Strahl V. ist nur noch ein Knochensplitter. Die Strahlen II., III. und IV. hingegen sind Laufzehen mit der jeweils charakteristischen Anzahl von Phalangen (3, 4, 5). Diese Struktur scheint sich als günstigste Form des Lauffußes entwickelt zu haben, da die Theropoden praktisch alle biped waren. Sehr deutlich ist die krallenförmige Gestalt der Endphalangen; darüber muß man sich entsprechend die noch etwas größeren und stärker ge-krümmten, scharfen Hornscheiden vorstellen, die ebenso wie die Fingernägel des Menschen ständig nachwuchsen. Alle Theropoden übernahmen von ihrem gemeinsamen Vorfahren die Tendenz zu hohlen Wirbeln und Langknochen (Extre-mitäten), die grundsätzlich leicht gebaut sind und für ihre terrestrische, agile Lebensweise günstig waren. Bei ihren en-gen Verwandten, den Vögeln, war dies zudem eine günstige Voraussetzung für die Eroberung der Luft. Alle Theropoden hatten recht lockere Verankerungen zwischen den einzelnen Schädelknochen, eine gewisse Beweglichkeit war demnach vorhanden (Dehnfähigkeit des Kopfes bei großen Beutestük-ken). Die stabilsten Teile der eher spangenartigen Schädel wa-ren die zahntragenden Kiefer. Die Theropoden untergliedert man heute in vier größere Gruppen. Die ursprünglichsten, so-genannten „primitiven" Theropoden waren die Ceratosauria. Ihnen werden die fortschrittlicheren Carnosauria (z.B. *Tyran-nosaurus*), die Ornithomimosaurier und die extrem weit ent-wickelten Maniraptora (mit dem aus dem Film „Jurassic Park" bekannten *Velociraptor* bzw. *Utahraptor*) gegenüber-gestellt.

5.2.1 Ceratosauria

Gegenüber den moderneren Theropoda sind Schädel von Ceratosauriern sehr einfach zu erkennen: Bis auf die namen-gebende Gattung *Ceratosaurus* selbst haben alle übrigen Ceratosaurier eine deutliche, zahnlose Lücke (Grube) zwi-schen den beiden Oberkieferanteilen, dem Praemaxillare und dem Maxillare. In diese Aussparung paßt ein typischer, besonders großer Zahn des Unterkiefers, eine Art Eckzahn. Alle Ceratosaurier haben eine vierfingrige Hand. Bei ihnen ist also nur der V. Finger reduziert. Gleichwohl war die Vorderextremität bei den Ceratosauria im Verhältnis zu den Hintergliedmaßen kurz. Im krassen Gegensatz zu den herbivoren Sauropoden entwickelten die meisten Ceratosauria sehr große Schädel mit ausgesprochen kräftigen, deutlich nach hinten gebogenen Zähnen, einem typischen Merkmal mächtiger Räuber. Das Becken der Ceratosaurier war außerordentlich stark verschmolzen (die Sacralwirbel untereinander und diese wiederum mit den beiden Ilia). Die ersten Ceratosauria traten in der Obersten Trias auf; ein typischer Vertreter aus dem Unteren Jura war *Dilophosaurus* (Abb. 15, 16), der bekannteste Vertreter aus dem Oberen Jura war *Ceratosaurus* selbst. Die Ceratosaurier starben vor dem Beginn der Kreidezeit aus.

Ceratosaurus- und *Dilophosaurus*-Schädel zeigen ein weiteres Charakteristikum der meisten Ceratosaurier: Sie haben kurze Hörner, knöcherne Lamellen oder andere Fortsätze auf dem Schädeldach. Es ist nicht geklärt, wozu diese Strukturen dienten. Sehr wahrscheinlich ist allerdings, daß an diesen Knochenkämmen oder -hörnern eine entsprechende Hautstruktur ansaß, die vielleicht durch Hornfortsätze oder sogar Federn, vielleicht auch durch Farben in irgendeiner Weise dem inner- oder zwischenartlichen Verhalten gedient haben könnte. Die Männchen der rezenten Anolisverwandten (Kleinleguane) stellen zum Zwecke der Werbung ihren prächtig gefärbten Kehlsack auf. Es wäre anhand von aktualistischen Überlegungen also durchaus vorstellbar, daß sich die Männchen der Ceratosaurier gegenseitig mit solchen optischen Signalen beeindruckten. An den vorliegenden fossilen Skeletten ist ein Geschlechterunterschied (Sexualdimorphismus) zu bemerken; robustere und grazilere Formen von Tieren derselben Fundstellen sind deutlich zu unterscheiden. Im Gegensatz zu den nachfolgenden Carnosauriern, die sich offensichtlich aus ihnen entwickelten, hatten viele Ceratosaurier noch ziemlich große und rundliche Augenöffnungen und oftmals auch eine Fenstrierung im Unterkiefer.

5.2.2 Carnosauria

Alle Carnosaurier und auch alle Ornithomimiden und Maniraptoren hatten im Gegensatz zu den Ceratosauriern eine dreizehige Hand: Die Finger IV. und V. waren vollständig reduziert. Die dadurch vereinigten drei Dinosauriergruppen faßt man in einer gemeinsamen „Sammelgruppe", den Tetanurae, zusammen (der wissenschaftliche Name bezieht sich allerdings auf den Verschmelzungsgrad der Schwanzwirbel). Der Pollex (Daumen) war wie bei allen Saurischiern entweder besonders kräftig oder besonders lang, aber in jedem Fall etwas abgesetzt von den anderen beiden Fingern der Hand.

Alle Carnosaurier hatten eine Tendenz zu ausgeprägtem Größenwachstum: Sie waren die größten jemals auf der Landoberfläche der Erde jagenden Fleischfresser. Carnosaurier-Schädel sind recht gut an dem stark vergrößerten Maxillarfenster zu erkennen. Die Kieferränder waren sehr stabil gebaut und nicht völlig gerade. Auffallend sind dabei die zahlreichen, recht großen „Poren", die in Reihen entlang von Ober- und Unterkiefer nahe der Zähne verlaufen. Diese Löchlein (Foramina) dienten dem Durchtritt von Blutgefäßen und Nervenkanälen und somit der Versorgung von Zähnen, Zahnbildungsgewebe im Inneren und Zahnfleisch. Die Zähne konnten sehr groß sein – bis 15 cm (ohne Wurzel). Besonders die großen Theropodenschädel wirken von der Seite betrachtet massig. In der Ansicht von vorn ist das anders (z. B. *Allosaurus*): Es handelt sich im Gegenteil um außerordentlich schmale, eher hohe Schädel (Abb. 10). Dabei fällt auf, daß die Orbitae nach vorn gerichtet sind. Dies ermöglichte in einem gewissen Rahmen ein binokulares, stereoskopisches Sehen, das fleischfressende Landwirbeltiere häufig entwickeln (Abb. 10). Es stellt eine Verbesserung für das Ausmachen von Beute dar, und zwar insbesondere dann, wenn Tarnung mit im Spiel ist. Verhält sich ein über Farbmuster auf der Haut getarntes potentielles Beutetier ruhig, ist es kaum auszumachen. Räuber mit binokularem Sehen können jedoch über das dreidimensionale Erkennen, also das Einschätzungsvermögen für

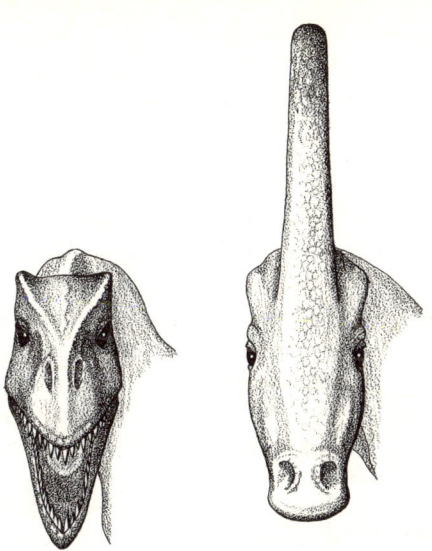

Abb. 10: Die verbesserte stereoskopische Sicht des carnivoren Theropoden *Allosaurus* (nach vorn gerichtete Augen; links) im Vergleich zu dem herbivoren Hadrosauriden *Parasaurolophus* (rechts).

Entfernungen, die Morphologie des Tieres „enttarnen", sie sozusagen über die verwirrenden Farbstrukturen hinweg auflösen. Pflanzenfresser müssen hingegen in erster Linie einen sehr großen Blickwinkel haben, um ein möglichst weites Areal auf das mögliche Annähern von Raubtieren hin zu überprüfen. Sie haben daher häufig eher seitlich positionierte Augen (Abb. 10).

Die Allosauriden mit *Allosaurus* waren typische Carnosaurier des Oberen Jura, die dreizehige Vorderextremitäten hatten und zeitgleich mit den Ceratosauriern vorkamen. In der Kreide lösten die Carnosaurier die Ceratosaurier endgültig ab. In dieser Zeit traten die besonders großen Tyrannosauriden auf. Sie hatten nur noch zwei Zehen an der Vorderextremität (I. und II.). Über die Funktion dieser zwei Zehen ist schon viel spekuliert worden. Meist wird angenommen, daß es sich

61

wirklich nur um Redukte handelt, also nicht mehr in Funktion befindliche Anhängsel. Für eine solche Deutung ist allerdings die Ausdehnung der Scapula zu groß, d.h. es war in jedem Fall eine kräftige Arm- und Schultermuskulatur vorhanden. Heute nimmt man an, daß die beiden Ärmchen – die in jedem Fall erheblich käftiger waren als die Arme des Menschen! – nötig waren, um aus einer liegenden Position wiederum in eine stehende zu gelangen. Dies wäre mit einem kurzen, ruckartigen Abstützen der beiden Stummelärmchen bei gleichzeitigem Hochreißen des sehr schweren Kopfes möglich gewesen. Andere Autoren gehen davon aus, daß ein Tyrannosaurier sich am Beutetier mit den Ärmchen festkrallte, um dann auf einem Bein balancierend das andere Bein zum Aufschlitzen von Gewebe zu verwenden. Wieder andere Fachleute stellen sich vor, daß die Tyrannosaurier-Männchen sich an den Weibchen während der Paarung festkrallen konnten.

Bis heute ist umstritten, ob die Carnosaurier aktive Jäger waren oder ob einige Gruppen oder Altersklassen vielleicht eher aus Aasfressern bestanden. Um dies beurteilen zu können, wurden unter anderem intensive Untersuchungen über die mögliche Schrittlänge der Tyrannosauriden-Beine angestellt. Dazu muß analysiert werden, in welchem maximalen Winkel sich der Oberschenkelkopf (Caput femoris) im Acetabulum des Beckens nach vorn und nach hinten bewegen kann, also wie weit nach vorn und hinten der Oberschenkel als Ganzes schwingen konnte. Die anatomisch mögliche Schrittlänge ergibt dann zusammen mit einigen anderen Kalkulationen über das Körpergewicht und die Lastarm/Kraftarm-Verteilung der Hüft- und Oberschenkelmuskulatur eine wahrscheinliche relative Geschwindigkeit der Tiere. In den ausgehenden 80er Jahren ging man davon aus, daß ein erwachsener (adulter) *Tyrannosaurus* aufgrund der kurzen Schrittlänge nur ein eher gemächliches Tempo anschlagen konnte und somit in die Kategorie der potentiellen Aasfresser fiel. Erneute Untersuchungen ergaben jedoch durchaus größere Schrittlängen, was wiederum zum vorher präferierten Modell des gefährlichen, schnellen Räubers führte. Diese erstaunlich unterschiedlichen Ergebnisse beruhen zum Teil auf voneinander abweichenden Weichteil-Rekonstruktionen.

Fossil ist vom Hüftgelenk eines *Tyrannosaurus* nur noch der knöcherne Anteil überliefert, die knorpelige Gelenkkapsel hingegen muß „hinzugedacht" werden. Dies und die verschiedenartige Bewertung der Bewegungslimitierung durch unzureichende Knochenstabilität der Extremitäten (ähnlich wie oben besprochen bei den Sauropoden: relative Grazilität) führen zu entsprechend unterschiedlichen Ansichten über die Lebensweise. Zur Zeit wird in der Forschung wieder eine moderat schnelle Laufart favorisiert (ca. 8 m/s). Jüngste Argumente einer Arbeitsgruppe aus Montana/USA besagen, daß Tyrannosauriden nicht schnell laufen konnten, weil sie im Falle eines Sturzes diesen nicht über die winzigen Ärmchen hätten abfangen können, sondern dadurch tödlichen Gefahren (Genickbruch u. ä.) ausgesetzt gewesen wären; eine These, die äußerst fragwürdig ist. Strauße zum Beispiel haben extrem hohe Laufgeschwindigkeiten und können ebenfalls keine Stürze über Vorderextremitäten abfangen! Sicher dürfte jedoch sein, daß selbst ein vorwiegend räuberischer, wenngleich nicht extrem schneller *Tyrannosaurus* bestimmt keinen Kadaver verschmähte. Obwohl man mittlerweile sogar Unterkreide-Funde kennt (Thailand), sind die Tyrannosauriden die vorherrschenden Großräuber der Oberen Kreide auf den Nordkontinenten, und sie gehören auch zu den letzten Dinosauriern während der großen Aussterbewelle am Ende der Kreidezeit. Die Montage der Skelette von Carnosauriern muß nach heutigem Kenntnisstand ebenso wie die von Vögeln durchgeführt werden, also mit horizontaler Wirbelsäule und frei getragenem Schwanz, entsprechend den Fährtenfunden. Dies korreliert mit einer S-förmig gebogenen Halswirbelsäule, damit der Kopf nach vorn blicken konnte. Ein Aufrichten der Tiere in die Vertikale war anatomisch möglich, jedoch sicherlich nur zum kurzzeitigen Sichern nötig.

Die großen Carnosaurier der Südkontinente sind fossil weniger gut belegt als die der Nordkontinente. Ausnahmen bilden jüngere Funde von extrem großen Vertretern wie dem erst

1995 entdeckten *Giganotosaurus* aus der argentinischen Oberkreide. 1996 wurde ein ebenfalls gigantisch großer, in der Schädellänge sogar *Tyrannosaurus* übertreffender Carnosaurier in der Oberen Kreide Marokkos gefunden (*Carcharodontosaurus*). Mit der allmählich wachsenden Funddichte auch dieser Regionen läßt sich zumindestens die bisher angenommene strenge Teilung zwischen südamerikanischen und afrikanischen Carnosauriern nicht mehr aufrechterhalten; man kann einen gewissen Faunenaustausch annehmen.

5.2.3 Coelurosauria

Die verbleibenden beiden Familien der Theropoda, die Ornithomimidae und die Maniraptora, werden in den „Coelurosauria" zusammengefaßt. Beide Gruppen hatten verhältnismäßig lange Vorderextremitäten, ganz im Gegensatz zum Trend der anderen Theropoda. Diese Verlängerung (deutlich mehr als 50 % der Hinterextremität!) betraf sowohl den Oberarm als auch den Unterarm und die Metacarpalia. II. und III. Finger der schlanken Hand waren zudem im Verhältnis zum I. Finger recht lang. Die Funddichte ursprünglicher Coelurosaurier wächst zur Zeit durch internationale Expeditionen schnell an (z.B. Universität Chicago). So belegt der Fund eines ausgesprochen basalen, jedoch ziemlich großen Coelurosauriers (*Deltadromeus*) aus der Oberen Kreide Marokkos, daß auch die Südkontinente eine eigene Fauna dieser Theropoden beherbergten.

5.2.3.1 Ornithomimidae

Der wohl typischste Vertreter dieser Gruppe, der fortschrittliche *Struthiomimus*, verdeutlicht in seiner Namengebung wohl am besten das Aussehen dieser Dinosaurier: *Struthiomimus* heißt „Straußennachahmer", und dies trifft auch den Kern. Alle Ornithomimiden sahen extrem laufvogelähnlich aus: Sie hatten kleine Schädel mit flachen, zahnlosen Schnauzen („Schnäbeln"), recht lange Hälse und hoch entwickelte, lange Laufbeine mit abgeflachten Klauen an den Füßen. An montierten Skeletten oder Zeichnungen ist das für schnelle Läufer typische, kurze Femur zu erkennen. Die Unterschiede zu den heutigen Straußen liegen auf der Hand: Die für Coelurosaurier charakteristischen, sehr langen Vorderextremitäten und ein langer Balancierschwanz waren ausgebildet. Frühe Formen trugen in den Kiefern noch Rudimente einer Bezahnung, alle späteren Vertreter (Obere Kreide) waren vollkommen zahnlos. Über den Kieferknochen muß man sich, ähnlich wie bei den Endphalangen der Krallen, eine kräftige Hornscheide vorstellen, die den eigentlichen „Schnabel" bildete. Diese Strukturen sind zwar praktisch nicht erhaltungsfähig, werden jedoch durch die Rauhigkeiten an den Außenrändern der Kieferknochen angedeutet. Durch die sehr stabilen Kieferränder und scharfen Hornschnäbel müssen die Ornithomimiden nicht unbedingt als herbivore Formen gesehen werden. Man geht eher davon aus, daß diese sehr schnellen Dinosaurier (Höchstgeschwindigkeit wahrscheinlich ca. 50 km/h!) omnivor waren, d. h. gemischte Kost fraßen.

Die Schädel der Ornithomimiden haben sehr große Orbitae und sind ausgesprochen spangenartig gebaut. Der im Verhältnis zu den vielen langen Körperteilen (Hals, Arme, Beine, Schwanz) eher kurze Körper war durch besonders starke Ligamente des Rückens versteift, wodurch er beim schnellen Lauf ein kompaktes Widerlager bildete. Die Arme der Straußendinosaurier waren anscheinend hoch beweglich und somit in gewissem Umfang zu greifenden Bewegungen fähig. Dies und der charakteristische Schnabel standen sicherlich in Zusammenhang mit der Ernährungsweise, die wir jedoch nicht mehr rekonstruieren können.

Die Ornithomimiden kommen nur in den Sedimenten der Kreide Asiens und des westlichen Nordamerika vor. Sie gelten als nicht sehr häufig, was jedoch wohl eher ihre Überlieferungschance im Fossilbericht widerspiegelt als die tatsächliche Verbreitung während der ausgehenden Kreide. Bis heute verbleiben viele Rätsel: In der Kreide der Wüste Gobi wurden zwei verschiedene, gigantisch große Vorderarm/Schultergürtel-Komplexe entdeckt, von denen das restliche Skelett nicht bekannt ist. Dem Bau der dreizehigen, langen Hände nach zu urteilen handelt es sich um Ornithomimiden. Es gab also neben den Tyrannosauriden bzw. den südamerikanischen Carnosauriern wahrscheinlich auch extreme Riesenformen unter den Ornithomimiden. Die Diskussion um diese unvollständigen Formen ist allerdings noch nicht abgeschlossen (s. u., Segnosauria).

5.2.3.2 Maniraptora

Zu den Maniraptora (wörtlich die „Handräuber") werden die fortschrittlichen Coelurosaurier (wie *Deinonychus* und *Velociraptor)* ebenso gerechnet wie die Vögel. Gemeinsames Merkmal all dieser Formen ist ein abweichend gestalteter Knochen im Bereich des Handgelenks. Es handelt sich dabei um einen Carpalknochen, der recht groß und halbmondförmig ist und den Hauptteil des eigentlichen Handgelenks bildet. Seit den ausgehenden 80er Jahren weiß man, daß die ausgestorbenen Maniraptora durchaus nicht nur aus kleinen und mittelgroßen Formen bestanden, sondern daß es auch hier einige recht große Vertreter gab. Die fossilen Maniraptora stellten die Dinosauriergruppe mit den größten Gehirnen (im Verhältnis zur Körpergröße) und waren daher wahrscheinlich die intelligentesten, agilsten und auch gefährlichsten Fleischfresser des Mesozoikums. Die Begriffe „Intelligenz" und „Lernvermögen" müssen hier unterschieden werden: Untersuchungen an heutigen Vögeln (also rezenten Maniraptoren!) ergaben, daß diese in Hinblick auf erlerntes Verhalten den getesteten Säugetieren oftmals überlegen waren. Ob Intelligenz oder Lernvermögen oder beides miteinander kombiniert zum Erfolg führt, muß deshalb genau differenziert werden.

Innerhalb der Maniraptora entwickelten sich die Federn. Ob diese ausschließlich auf die echten Vögel (Aves) beschränkt sind oder ob auch einige ausgestorbene Vertreter bereits Federn hatten, ist unklar. Auch frühe Verwandte der Vögel, sozusagen „vogelähnliche Maniraptoren", wären durchaus in verschiedenen Befiederungszuständen vorstellbar. Allerdings gab es dafür bis vor kurzem keinerlei fossile Beweise, weswegen man den heutzutage sehr modernen Raubdino-saurier-Rekonstruktionen im vollen Federkleid oder sogar mit zusätzlichen Vogel-Attributen (z.B. Truthahn-Kehlsack bei *Oviraptor*) zumindestens bewußt kritisch gegenüberstehen sollte. Neue Funde aus der chinesischen Provinz Liaoning (1996/97), die vermutlich zur Unterkreide zu rechnen sind, werden diese Frage vielleicht bald erhellen: Ein Individuum eines hühnergroßen Maniraptoren ist mit einer auf dem Rük-ken verlaufenden, aus kleinen Elementen zusammengesetzten dunklen Struktur erhalten. Ob es sich hierbei um Federn oder haarähnliche Strukturen oder etwas völlig anderes handelt, konnte bislang noch nicht sicher geklärt werden. Wahr-scheinlich sind es aber tatsächlich fossile Federn.

Zu den Maniraptora gehören die drei fossilen Gruppen der Dromaeosauriden, Troodontiden und Oviraptoriden.

Die Dromaeosauriden hatten – wiederum den Ceratosauri-ern und Carnosauriern ähnlich – recht große Schädel mit of-fensichtlich hervorragend entwickelten Sinnesorganen, insbe-sondere den Augen. Ihre Zähne waren stark nach hinten gekrümmt und trugen eine besonders feine Serration. Bei den Dromaeosauriden war das Pubis nach hinten geschwungen angeordnet, es lag also parallel zum Ischium. Dies ist eine Konfiguration, wie sie oberflächlich ähnlich auch bei den Or-nithischiern auftritt und auch bei den rezenten Vögeln. Die Details der Beckenstruktur bestätigen jedoch die enge Ver-wandtschaft zwischen den Maniraptora und den Vögeln, nicht den Ornithischiern.

Der wohl bekannteste Dromaeosauride ist *Deinonychus* aus der Unteren Kreide Nordamerikas. An seinem Skelett sind die typischen Merkmale seiner Familie exzellent abzulesen: An den hinteren Füßen war die II. Zehe hochgradig beweglich und mit einer extrem großen, sichelförmigen Klaue versehen. Diese Klaue konnte während des Laufens hochgeklappt wer-den und wurde offensichtlich während der Attacke auf die Beutetiere eingesetzt. Sie war bestimmt eine sehr effiziente Waffe. Bei einem zweibeinig laufenden Räuber ist eine solche Einrichtung besonders sinnvoll, wenn die Hinterbeine entweder abwechselnd vom Boden abgehoben werden können, um mit dem jeweils anderen Fuß eine separate Bewegung zu vollführen, oder durch einen Sprung beider Füße gleichzeitig. Die letztere Deutung wird unterstützt durch die Gestalt des Schwanzes der Dromaeosauriden: Durch verknöcherte Sehnen und extreme Verlängerungen einzelner Wirbelfortsätze ergab sich eine enorme Versteifung des Schwanzes im Bereich hinter den ersten fünf bis sechs noch recht gut beweglichen Wirbeln. Dies machte ihn insbesondere beim Springen zu einer exzellenten Balancierstange. Allerdings setzt eine solche Bewegung eine gewisse Agilität in Kombination mit einem hervorragenden räumlichen Einschätzungsvermögen voraus. In jedem Fall waren die Dromaeosauriden sehr aktive und mit Sicherheit insbesondere durch ihre Fußklauen äußerst gefährliche Jäger. Vor einigen Jahren ging man bei *Deinonychus* zudem von einem Jagen in Rudeln aus. Die Diskussion darüber ist jedoch bis heute nicht endgültig abgeschlossen, da das gemeinsame Auftreten von mehreren Exemplaren in einer Fundstelle auch eine Zusammenschwemmung verschiedener Leichen darstellen könnte. Andererseits liegt die Vermutung nahe, daß Dinosaurier, die offenbar dem Entwicklungsniveau der Vögel bereits sehr nahe waren, eine koordinierte Jagd mehrerer Gruppenmitglieder auf große Beutetiere durchführen konnten.

Ebenso wie die Dromaeosauriden trugen die Troodontiden einen beweglichen II. Zeh am Hinterfuß, die daran befindliche Klaue war jedoch erheblich kleiner. Die Schädel der Troodontiden waren länglich und hatten enge Schnauzen mit zahlreichen, jedoch kleinen Zähnen. Diese trugen meist sehr feine Serrationen. Auffälligstes Merkmal der Troodontiden war jedoch die enorme Vergrößerung des Gehirns, was sich in der Bildung eines sehr großen Neurocraniums und sogar in einer Aufwölbung des hinteren Bereiches vom Schädeldach manifestierte. Ihre stereoskopische Sichtweise war mit Sicherheit ausgezeichnet; man geht davon aus, daß die Troodontiden innerhalb der Maniraptora die intelligentesten Vertreter waren. Diese Annahme führte dazu, daß ein namhafter kanadischer Dinosaurier-Experte ein ungewöhnliches Gedanken-

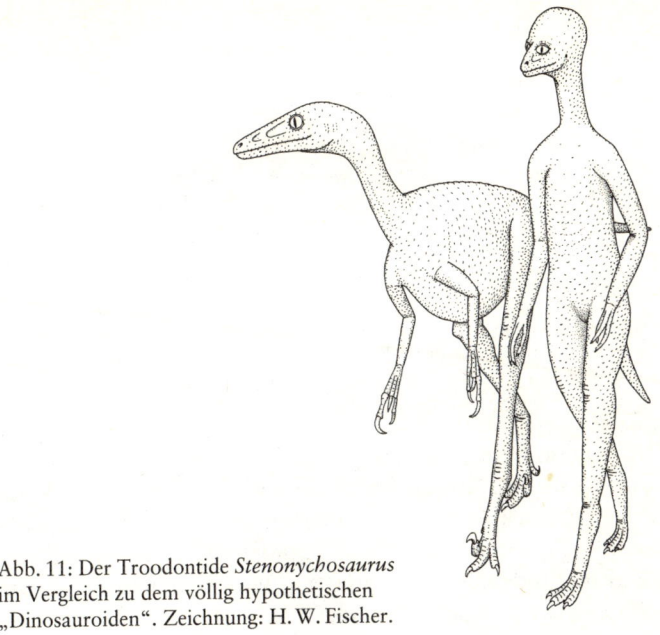

Abb. 11: Der Troodontide *Stenonychosaurus*
im Vergleich zu dem völlig hypothetischen
„Dinosauroiden". Zeichnung: H. W. Fischer.

experiment durchführte: Wie hätten die Nachfahren der
Troodontiden ausgesehen, wenn nicht alle Dinosaurier am
Ende der Kreide ausgestorben wären? Hätte sich eventuell ei-
ne „menschenartige" Lebensform entwickeln können? Das
Ergebnis dieser Überlegung waren zwei dreidimensionale
Modelle mit dem sehr akkurat rekonstruierten Troodontiden
Stenonychosaurus und einem leider viel zu menschenähnli-
chen „Dinosauroiden". Eine leicht nachbearbeitete, etwas
weniger menschenartige Abwandlung dieses Modells zeigt
Abb. 11. Neue Funde von Troodontiden-Eiern im Verband
mit den Resten eines erwachsenen Tieres lassen durch die
hochentwickelte Struktur des Nestes (Vertiefung mit pflanz-
lich-erdigem Material gefüllt) und die große Ähnlichkeit zu
Vogelnestern seit neuestem einen gewissen Grad von Brutpflege vermuten.

Abb. 12: Rekonstruierte Fundsituation eines auf seinem (?) Gelege sitzenden *Oviraptor*. Um keine Federn darstellen zu müssen, wurde der Schattenriß gewählt.

Die Oviraptoriden waren eine völlig eigenständige und besonders bizarre Gruppe innerhalb der Maniraptora. Ihre charakteristischen Merkmale waren die miteinander verschmolzenen Claviculae (wie bei Vögeln!), die zahnlosen Kiefer (zudem ein deutlich fenestrierter Unterkiefer) und der ausgesprochen abgewandelte Schädel. Die Schädel von Oviraptoren waren extrem kurz und wirken daher auf den Laien meist sehr verwirrend, da nicht auf den ersten Blick klar wird, wo vorn und wo hinten ist. Zusätzlich waren auf dem Schädeldach hohe Knochenkämme ausgebildet – besonders im vorderen Bereich, also vor den Orbitae (Abb. 12). All dies gibt dem Schädel von der Seite eher ein kompaktes, kastenförmiges Aussehen, im Unterschied zum „klassisch" langgezogenen der meisten anderen Theropoden (Abb. 11). Die Schnauze der Oviraptoren war mit Sicherheit von einer Hornscheide überzogen. Besonders kräftige Zahnrelikte im hinteren Bereich des Mauls machen es wahrscheinlich, daß die Oviraptoren auf harte, zu knackende Nahrung spezialisiert waren. Heute geht man davon aus, daß sie Süßwassermuscheln aus den Seen fraßen, die zur Zeit der Oberkreide insbesondere in der Wüste Gobi existierten. Früher nahm man an, daß es sich um Eierräuber handeln müsse (daher auch der Gattungsname *Oviraptor*: „Eierräuber"). Diese Interpretation beruhte auf einem

Fund eines *Oviraptor*-Skelettes inmitten eines größeren Geleges von Eiern, die zur Zeit der Entdeckung (um 1920) in Ermangelung von Embryonenfunden aufgrund allgemeiner Merkmale dem kleinen pflanzenfressenden *Protoceratops* zugeschrieben wurden. Bei neuerlichen Expeditionen in die Wüste Gobi (seit 1990) sind neue Funde desselben Ei-Typs gemacht worden, die Embryonen enthielten – jedoch von *Oviraptor* selbst! Das zuerst aufgefundene Tier geriet nunmehr vom Räuber zum bewachenden Elterntier. Kurz darauf (1993–1995) wurde eine weitere, sensationelle Entdeckung gemacht und veröffentlicht: Ein *Oviraptor*-Skelett wurde mit Eiern auf einem flachen Nesthügel sitzend gefunden! Die genaue Analyse ergab tatsächlich ein mit dem Bauch auf einem Gelege (15 Eier) hockendes Tier, dessen Vorderextremitäten ähnlich wie bei den Vögeln nach hinten zurückgelegt waren und dessen Hinterextremitäten in typischer Sitz- bzw. Hockposition nach vorn zusammengefaltet waren (Abb. 12). Die Eier selbst waren eindeutig manipuliert worden, d.h. sie lagen nicht in einer zufälligen Ordnung oder noch im Körper des erwachsenen Tieres, sondern sie waren – wie die Gelege der anderen bislang bekannten Oviraptoren und der heutigen Vögel – arrangiert worden.

Seit dieser Entdeckung ist die Fachwelt elektrisiert: Handelt es sich um eine einfache Form der Brutpflege, also um ein Bewachen der Eier, oder kann es sich gegebenenfalls sogar um ein Ausbrüten handeln? Die Diskussionen darüber werden in den Fachzeitschriften bereits recht heftig geführt. Federn konnten bislang nicht nachgewiesen werden. Andererseits müssen viele rezente Vögel aus ariden Klimaten ihre Eier auch weniger ausbrüten als vielmehr beschatten, um sie vor einem Übermaß an Hitze zu schützen. Eine solche Aktivität wäre durchaus auch von einem nicht oder nur teilweise befiederten Dinosaurier zu erwarten, zumal die Sedimente der Wüste Gobi (Sandsteine) wohl auch tatsächlich ein eher warmtrockenes Klima für die Obere Kreide anzeigen. Zudem könnte sich das echte „Ausbrüten" aus derartigen Sonnenschutz-Maßnahmen entwickelt haben. Die wachsende Funddichte immer älterer Urvögel und neuerdings auch ein wahrscheinlich befiederter Theropoden-Fund aus China bestätigen zunehmend die Ableitung der Vögel von kleinen Dinosauriern aus dem Bereich zwischen Troodontiden und Dromaeosauriden mit engem verwandtschaftlichen Bezug zu den Oviraptoriden.

5.3 „Rätsel-Dinosaurier": Die Segnosauria

Mit hoher Wahrscheinlichkeit gehören die immer noch rätselhaften Segnosaurier aus der mongolischen Kreide zu den Saurischiern. Es handelte sich um eine abweichende Gruppe von Dinosauriern, die letzlich nur durch wenige Skelette belegt ist. Diese Dinosaurier hatten ein nach hinten weisendes Pubis wie Ornithischier, das jedoch völlig anders geformt war. Das Ilium sah aus wie das eines Theropoden. Der Schädel hatte keine Zähne im vorderen Teil der Schnauze, dafür waren das Gaumendach und vor allem das Neurocranium (Gehirnschädel) sehr stark ausgewölbt (vergrößert). Der Unterkiefer der Segnosauriden-Gattung *Erlikosaurus* sieht auf den ersten Blick aus wie jener des Prosauropoden *Plateosaurus*. Gegenwärtig festigt sich die Annahme, daß die Segnosaurier doch nicht nahe an der Basis der Aufspaltung von Theropoda und Sauropoda anzusiedeln sind, sondern daß sie eventuell zu den bisher ebenso rätselhaften, oben erwähnten Riesen-Theropoden gehörten, von denen bisher nur die Vorderextremitäten gefunden wurden. Diese bislang als Ornithomimiden angesehenen Vertreter (z. B. *Therizinosaurus)* scheinen erheblich besser in den Bauplan der Segnosaurier zu passen. Im Falle der Segnosaurier können also keine endgültigen Aussagen getroffen werden. Es bedarf noch weiterer Funde, um sie klassifizieren zu können.

6. Die Ornithischier

Die Ornithischier sind durch ihre charakteristische Becken-knochen-Konfiguration gekennzeichnet. Das Pubis zeigte nach hinten unten und lag damit dem Ischium direkt an. Diese gut erkennbare Konfiguration entspricht allerdings nicht grund-sätzlich dem Vogelbecken; sie sieht nur oberflächlich ähnlich aus, und die Namengebung leitet sich von dieser allgemeinen Ähnlichkeit her. Neben dem Becken gibt es allerdings noch zwei weitere Merkmale, die allen Ornithischiern gemein wa-ren. Zum einen bildete der Unterkiefer einen separaten „Schnauzenspitzenknochen" aus, d.h. zwischen rechtem und linkem Unterkieferast vermittelte an der Spitze ein unpaarer Zwischenknochen, der Praedentale genannt wird („Vor dem zahntragenden Knochen"). Diese Struktur ist der regulären Situation im Oberkiefer vergleichbar: Rechtes und linkes Maxillare (die beiden zahntragenden Oberkieferknochen) be-rührten sich nicht, sondern wurden durch das dazwischen-liegende Praemaxillare verbunden. Oft war die Schnauzen-spitze der Ornithischier völlig zahnlos, besonders bei den sehr hoch entwickelten Formen (Hadrosaurier, Ceratopsier). Zum anderen bildeten fast alle Ornithischier ein Netzwerk sich kreuzender, verknöcherter Sehnen aus, die entlang der Wir-belsäule verliefen und ihren Schwerpunkt in der Hüftregion hatten. Sie stellten eine zusätzliche Versteifung der Hüftregion dar. Alle Ornithischier waren ausnahmslos Pflanzenfresser.

Die primitivsten bekannten Ornithischier sind die Fabro-sauriden, die bereits in der Oberen Trias auftraten. *Lesotho-saurus* war ein typischer kleiner, bipeder Vertreter mit recht kurzen Ärmchen aus dem Unteren Jura von Afrika. Er wies zwar die typischen drei Ornithischiermerkmale auf (Becken, Praedentale, verknöcherte Sehnen), zeigte aber darüber hinaus keine weiteren Spezifikationen.

6.1 Die Genasauria

Das unterscheidende Merkmal aller nachfolgenden Ornithischier, der Genasauria, gegenüber den Fabrosauriden ist die konkave Anlage der Zahnreihen. Damit ist gemeint, daß die Zähne nicht mehr auf völlig gerade verlaufenden Kieferrändern stehen, sondern daß Ober- und Unterkiefer von vorn betrachtet U-förmig nach innen eingesenkt sind. Dies führte dazu, daß muskulöse Wangen die Zähne überdecken konnten und die Tiere in die Lage versetzte, größere Mengen ihrer pflanzlichen Nahrung zu sich zu nehmen und zu zermahlen. Damit verlegten sie einen wichtigen Teil des Nahrungsaufschlusses bzw. der Verdauung bereits in die Mundhöhle.

6.1.1 Thyreophora

Zu den Thyreophora (die „Panzertragenden") gehörten zwei sehr charakteristische Gruppen primär quadrupeder, gepanzerter Ornithischier, nämlich die Stegosauria und die Ancylosauria. Ihre Vorläufer waren wahrscheinlich sehr primitive, gepanzerte Formen des Unteren Jura wie *Scutellosaurus* und *Scelidosaurus*. Bereits an ihnen war das vorherrschende Merkmal der Thyreophora manifestiert: In der Haut waren eine oder zwei Reihen von Verknöcherungen eingelagert, die entweder direkt über oder jeweils seitlich der Wirbelsäule verliefen. Ausgehend von diesen noch sehr isoliert wirkenden Platten der beiden frühen Formen entwickelten sich bei den höheren Gruppierungen der Thyreophora daraus entweder komplette, zusammenhängende Verbände (Ancylosauria) oder Knochenplatten- und Knochenstachel-Systeme (Stegosauria).

6.1.1.1 Stegosauria
Vertreter der Stegosauria kamen praktisch weltweit vor. Sie erreichten ihren Verbreitungshöhepunkt während des Oberen Jura, wenige Formen überdauerten jedoch noch in die Kreide hinein. Selbst in der Oberkreide Indiens wurden noch Stego-

sauria entdeckt – zu dieser Zeit waren sie innerhalb der Dinosauria mit Sicherheit schon „lebende Fossilien"!

Stegosaurier hatten sehr kleine Schädel mit einfachen, sehr kurzen Zähnen. Die Orbita lag weit hinten, sogar deutlich hinter der Zahnreihe. Vorn an der Schnauzenspitze saß mit Sicherheit sowohl am Unter- als auch am Oberkiefer ein verhornter Bereich, der zum Abrupfen von Vegetation diente. Der Hals war eher kurz, Rumpf und Schwanz waren langgezogen. Stegosaurier hatten sehr robuste, säulenförmige Extremitäten. Die Orientierung der Vorderextremität ist noch umstritten; die erhaltenen Gelenkflächen von jungen Stegosauriern weisen auf eine vertikale Anlage hin, während die Gelenkflächen erwachsener Stegosaurier eher ein leichtes seitliches Abspreizen anzeigen. In jedem Fall waren insbesondere der Humerus und die Scapula sehr archaisch gebaut, mit vielen auch für das ungeübte Auge klobig wirkenden Fortsätzen, die Platz für eine sehr kräftige Schulter- und Armmuskulatur boten. Die Hinterextremität war vollständig vertikalisiert (Abb. 6). Das Femur ist ein sehr langer, gerader Knochen mit einem deutlich abgesetzten Oberschenkelkopf. Über den gesamten Körper der Stegosaurier waren kleine, knopfförmige Knochenplättchen verteilt. Entlang der Wirbelsäule verliefen zwei Reihen von großen Knochenplatten, die auf Höhe des Beckens am größten waren und zum Schwanz hin in Knochenstacheln übergingen (*Stegosaurus* aus Nordamerika); bei einigen Formen ist die Übergangszone zwischen Platten und Knochen bereits in der Mitte des Rückens erreicht (*Tuojiangosaurus* aus China, *Kentrurosaurus* aus Afrika).

Die Bedeutung dieser Knochenplatten ist bis heute umstritten. Selbst ihre genaue Anordnung wurde erst mit der Entdeckung eines praktisch vollständigen, auf der Seite liegenden Exemplares aus dem Oberjura des Dinosaur National Monuments in Utah erkannt: Die Platten beider Seiten standen nicht direkt nebeneinander (spiegelsymmetrisch), sondern wechselständig, eine rechts, dahinter die nächste links und so weiter. Ihre eventuelle Bewegbarkeit ist äußerst fraglich. Ein Kontakt zur Wirbelsäule war nicht vorhanden, zudem konnten die Knochenplatten recht große Ausmaße annehmen. Das postulierte Auf- und Abbewegen der Platten würde gut in den Kontext einer Verteidigung durch das Abdecken der Körperflanken passen. Heute favorisiert man jedoch eine andere Hypothese: Da die fossilen Knochenplatten von einem dichten Netzwerk kleiner Grübchen und Rillen überzogen sind und zu Lebzeiten des Tieres sicherlich mit Haut überzogen waren, legt dies den Sitz von Blutgefäßen nahe. Daher kann man eine thermoregulatorische Bedeutung der Platten annehmen. Über die offensichtlich hautüberzogene Knochenplattenoberfläche wäre sowohl eine zusätzliche Aufheizung (quer zur Sonne) als auch eine Abstrahlung (längs zur Sonne) von Wärme denkbar. Andererseits beweisen die Grübchen allein auch nicht, ob eine solche Möglichkeit gegeben war oder ob sie überhaupt im Verhaltensrepertoire verankert war. Es ist sinnvoll zu konstatieren, daß eine Erhöhung der Oberfläche eines Organismus in jedem Fall einen Einfluß auf dessen Wärmefluß hat, sei dieser nun als primärer Zweck deutbar oder vielleicht auch nur als eine zusätzliche Möglichkeit. In jedem Fall störten die Platten oder Stacheln offensichtlich nicht, denn die Stegosaurier waren eine durchaus erfolgreiche Gruppe. Die rein visuelle Wirkung der aufgestellten Platten im innerartlichen Verhalten darf sicherlich auch nicht unterschätzt werden. Die bei allen Formen an der Schwanzspitze befindlichen, sehr großen Stacheln dienten mit großer Sicherheit der Verteidigung gegenüber Feinden.

Interessant ist die 1890 aufgebrachte Vorstellung von den 2 Gehirnen der Stegosaurier, die bis heute noch in der Sekundärliteratur anzutreffen ist. Die Idee dazu wurde anhand von auffälligen, großen Öffnungen in den Wirbeln der Beckenregion entwickelt, die als potentieller Sitz des zweiten Gehirns vorgeschlagen wurden. Dieses hätte den hinteren Teil des Körpers gesteuert, ein Argument, das zu jenen Zeiten zusätzlich zur These von den „dummen" Urechsen beitrug. Mittlerweile weiß man, daß fast alle Landwirbeltiere vergrößerte Hohlräume in Beckenwirbeln haben. Diese entstehen dort, wo die Nerven der Beine und des Schwanzes zusammenlaufen.

Bei besonders großen Tieren sind dann auch diese Hohlräume besonders groß. Diese Nervenkonzentration, die tatsächlich mit der Koordination der Hinterextremitäten zu tun hat, ist jedoch keinesfalls als zweites Gehirn zu bezeichnen. Ebenfalls denkbare Interpretationen der Becken-Hohlräume sind Einlagerungs-Depots für Fette und insbesondere für Zucker, wie sie auch bei heutigen Vögeln bisweilen auftreten.

6.1.1.2 Ancylosauria

Die praktisch ausschließlich kreidezeitlichen Ancylosaurier werden immer wieder als die „mesozoischen Panzer" bezeichnet, was bereits auf ihre ausgesprochen starke Knochenpanzerung verweist. In ihrer Haut lagen extensive Knochenreihen, also in Bändern angeordnete Hautverknöcherungen, die von oval bis quadratisch in den verschiedensten Größen ausgebildet sind. Zu den stets obligatorisch quadrupeden Ancylosauriern rechnet man die etwas ursprünglicheren Nodosauriden und die eigentlichen Ancylosauriden. Allen Ancylosauriern gemein ist die Ausbildung flacher, massiv verknöcherter Schädel, bei denen nur noch die Nares und die Orbitae als Öffnungen erhalten blieben. Alle anderen, eigentlich für Dinosaurier typischen Öffnungen (Praeorbitalöffnung, beide Temporalöffnungen) waren entweder teilweise noch vorhanden und klein (Nodosauridae) oder komplett reduziert bzw. von Panzerung „überwachsen", und damit von außen nicht sichtbar. Fast alle Ornithischier hatten eine zahnlose Schnauzenspitze, aber die der Ancylosaurier war besonders groß, auch im Verhältnis zur dahinterliegenden Zahnregion. Die Zähne waren sehr klein, blattförmig und denen der Stegosaurier ähnlich. Die Kiefer waren eingesenkt wie bei allen Genasauriern und trugen Wangen. Ober- und Unterkieferzähne bildeten keinen aufeinander abgestimmten Verband. Typisch für die Ancylosaurier war die Ausbildung eines sogenannten sekundären Gaumendachs.

Ursprünglich ist allen Landwirbeltieren gemeinsam, daß die inneren Nasenöffnungen (Nares internae) direkt unterhalb der äußeren Nasenöffnungen (Nares externae) weit vorn an der

Schnauzenspitze liegen. Das bedeutet, daß nicht gleichzeitig gefressen und geatmet werden kann: Der Luftweg von den Nares internae bis nach hinten in die Kehle (Übergang zur Trachea, der Luftröhre) verläuft durch den Mundraum – Schlucken und Atmen muß abwechselnd ausgeführt werden. Eine Verbesserung dieses Zustandes ergibt sich daraus, daß die internen Nares sehr weit nach hinten verlegt werden, um möglichst nahe an der Trachea lokalisiert zu sein. Es entwickelt sich also ein „Luftkanal" von den vorn-oben liegenden äußeren zu den hinten-unten liegenden inneren Nasenöffnungen, der letztlich durch eine knöcherne Unterlage gegen den Mundraum hin abgedichtet wird, das Gaumendach. Heutige Krokodile haben darüber hinaus mobile Hautlappen, welche die beiden dicht nebeneinanderliegenden Öffnungen der Speiseröhre (Oesophagus) und der Trachea trennen können. Diese recht „moderne" Weiterentwicklung weicht vom primären Typus ab und ist somit ein sekundärer Zustand. Es liegt also nahe anzunehmen, daß Ancylosaurier eventuell in der Lage waren, gleichzeitig zu atmen und zu schlucken. Dieses sonst den meisten Säugetieren zugesprochene Merkmal wird oftmals mit der Entwicklung von Warmblütigkeit gleichgesetzt, was für Ancylosaurier jedoch nicht rekonstruierbar ist. Die Nodosauriden hatten geradlinig verlaufende sekundäre Gaumendächer, die der Ancylosauriden waren erheblich komplizierter gebaut.

Im seitlichen Schnitt durch einen Schädel verläuft der Nasengang S-förmig im Schädel. Auch wurden sehr dünne, schmale Knochenlamellen in diesen Nasengängen gefunden, die den Turbinalia der Säugetiere gleichen. Diese papierdünnen Knochenlamellen dienen bei den warmblütigen Säugern dem Ansatz von Nasenschleimhaut, die zu einem großen Teil dem Anwärmen und Vorbefeuchten der Atemluft dient. Ob dies auch für die Ancylosauriden zu postulieren ist, bleibt fraglich. Es könnte sich ebensogut um eine reine Verbesserung der Riechfähigkeit handeln, um vergrößerte Areale für Drüsen, um ein durch Hohlräume unterstütztes Geräuscherzeugungs-System (Bioakustik!) oder um eine Kombination einiger dieser Möglichkeiten miteinander. Die Vorderextremitäten waren 2/3 bis 3/4 so lang wie die Hinterextremitäten. Die Füße aller Ancylosaurier trugen hufartige Zehenendglieder. Die enorm großen, seitlich verbreiterten Ilia dienten sicherlich nicht nur als Muskulatur-Ansatzflächen, sondern auch als Schutz für die Hüftregion, da sie die Femora deutlich überragten.

Die Panzerung der Nodosauriden konnte von der der Ancylosauriden deutlich unterschieden werden. Zum einen war ihr Schädel im Vergleich deutlich schmaler und noch nicht extensiv mit Hautverknöcherungen versehen, zum anderen waren sie bis zum Schwanz durchgehend gepanzert. Auch wiesen sie oft knöcherne Dornen an den Seitenrändern ihrer Panzer auf, dafür aber niemals Sonderbildungen an der Schwanzspitze.

Ancylosauriden hingegen hatten viel breitere, sehr stark gepanzerte Schädel, die meist an ihrem Hinterrand dreieckig wirkende, nach hinten weisende „Hörner" ausbildeten. Es waren praktisch nie knöcherne Dornen vorhanden. Die letzten Schwanzwirbel wurden durch kräftige, längliche Zusatzverknöcherungen versteift. Das Schwanzende selbst war in der Regel durch das Auswachsen zweier großer und zweier kleinerer Knochenschilder zu einer Keule umgebildet. Die Versteifung direkt vor dieser Keule einerseits und die große Mobilität der restlichen Schwanzwirbelsäule andererseits sprechen sehr stark dafür, daß die Ancylosauriden zu Verteidigungszwecken kräftig mit dem Schwanz ausholen konnten.

6.1.2 Cerapoda

Die zwei verbleibenden größeren Gruppierungen innerhalb der Ornithischier waren die Euornithopoda und die Marginocephalia. Beide können an dem gemeinsamen Merkmal der ungleich dicken Ausbildung des Zahnschmelzes erkannt werden. Dabei waren die Außenseiten der Oberkieferzähne und die Innenseiten der Unterkieferzähne mit sehr dickem Zahnschmelz ausgestattet. Da der Zahnschmelz härter ist als das von ihm umgebene Dentin, führt dies zu einer unterschiedlich starken Abnutzung. Daraus resultieren recht scharfe Grate, die auf den Kauoberflächen der Zähne eine feilenartige Wirkung haben und damit zu einer besseren Aufschließung der pflanzlichen Nahrung führen als bei allen anderen Dinosauriern. Oberkiefer- und Unterkieferzähne schärfen sich dabei gegenseitig. Bei den Hadrosauriden und den Ceratopsiden führte diese evolutionäre Strategie unabhängig voneinander zusätzlich zur Bildung von komplexen Zahnreihen („Zahnbatterien") mit vielen Hunderten von Zähnen. Diese bildeten große Flächen, ausgestattet mit den oben erwähnten Reliefunterschieden der abgekauten Zahnkronen, die sehr erfolgreich zum Zermahlen oder zum sehr feinen Zerschneiden von faseriger Pflanzennahrung geeignet waren. Der auf den Bezahnungsstrategien basierende große Erfolg insbesondere der Hadrosauriden und Ceratopsiden führte am Ende der Kreidezeit zur Entwicklung einer ausgesprochen großen Vielfalt verschiedener Formen.

6.1.2.1 Euornithopoda

Zusätzlich zu den evolutionären Optimierungen des Zahnschmelzes entwickelten die Euornithopoden im Verlauf ihrer Stammesgeschichte eine weitere Methode, das Zermahlen von Pflanzen im Maul zu verbessern. Bei den frühen Euornithopoden liegt das Kiefergelenk, also die bewegliche Verbindungsstelle zwischen Schädel und Unterkiefer, auf einer Ebene mit den Zähnen. Beim Schließen des Maules ergibt dies einen Scheren-Effekt: Die einzelnen Kieferpartien berühren sich nacheinander und nicht gleichzeitig. Für einen großen Pflanzenfresser ist es jedoch vorteilhaft, wenn er Oberkiefer und Unterkiefer auf ihrer gesamten Länge gleichzeitig aufkommen lassen kann. Dies wird erreicht, indem das Kiefergelenk von der Zahnreihengerade weg nach unten verlagert wird; durch dieses Abwinkeln des Scherengelenks kommen beide Kiefer weitgehend parallel zueinander zum Schließen. Genau diese Strategie wendeten die etwas höher entwickelten Euornithopoda an, was sie zu sehr effizienten Pflanzenfressern machte.

Der Körperbau der Euornithopoda veränderte sich im Verlaufe ihrer Entwicklungsgeschichte weniger drastisch. In der Regel handelt es sich um kompakte Körper mit recht kurzen Vorderextremitäten. Die Hinterextremitäten waren robust und hatten drei Zehen (ähnlich wie die Theropoda, aber ohne Klauen). Man geht davon aus, daß die Euornithopoda zumeist auf allen vieren liefen, besonders beim eher langsamen Nahrungserwerb („Äsen"). Wurde eine schnellere Fortbewegung nötig, so legten sie wahrscheinlich die kürzeren Vorderbeine an den Körper an und liefen mit horizontal gestreckter Wirbelsäule – ausbalanciert vom versteiften Schwanz mit den verknöcherten Sehnen – auf zwei Beinen. Die frühen Euornithopoda entstanden offensichtlich in der Oberen Trias Südamerikas, im Verlauf des Jura verbreiteten sie sich jedoch sehr schnell über die meisten anderen Kontinente und während der Kreidezeit bis nach Antarctica, damals in gemäßigten Zonen liegend.

Zu den typischen frühen Vertretern gehörten etwas kleinere Formen, die noch nicht die beachtlichen Größen der Iguanodontiden und Hadrosauriden erreichten. Der südafrikanische *Heterodontosaurus* aus dem Unteren Jura beispielsweise wich etwas von den übrigen frühen Euornithopoden ab: Er zeigte neben der typischen Pflanzenfresser-Bezahnung auch vier deutliche Eckzähne, zwei etwas kleinere im Oberkiefer, die beiden größeren dahinter gelegen im Unterkiefer. Die Ausbildung derartiger Zähne wird mit den Eckzähnen primitiver Kleinhirsche wie dem Moschustier verglichen. Auch die Männchen dieser heute in den Dschungelgebieten Asiens lebenden Pflanzenfresser bilden dolchartige Eckzähne aus, die sie jedoch nicht im Sinne eines Fleischfressers nutzen, sondern zum innerartlichen Rivalenkampf einsetzen. Es liegen jedoch keine fossilen Mageninhalte von *Heterodontosaurus* vor, daher kann man nicht sicher sein, ob es nicht doch andere Einsatzmöglichkeiten für die scharfen Eckzähne gab.

Im Mittleren Jura entwickelten sich auch die sehr erfolgreichen, kurzschnäuzigen Hypsilophodontier, die bis in die Kreide hinein vorkamen. Es handelte sich um eher kleinwüchsige

Formen, die den erheblich primitiveren Fabrosauriden sehr ähnelten. Allerdings entwickelten sie eine abweichende, neue Methode des Kauens. Heutige Säugetiere kauen mit stabil verankerten Kieferknochen von links nach rechts und wieder links (transversal). Die Hypsilophodontier hingegen hatten ein Gelenk zwischen dem fest am Schädel befindlichen Praemaxillare und dem eher lose verankerten Maxillare; beim Schließen des Maules schoben sich das rechte und das linke Maxillare relativ zum restlichen Schädel nach außen, woraus eine seitlich gerichtete Mahlbewegung der Zähne resultierte.

Die Iguanodontiden hatten den Höhepunkt ihrer Entwicklung in der Frühen und Mittleren Kreide. *Iguanodon* (der „Leguanzahnige") selbst nimmt eine Sonderstellung unter allen Dinosauriern ein, da es sich hierbei um den ersten überhaupt wissenschaftlich beschriebenen Dinosaurier handelt (1825). Die Bezahnung der Iguanodontiden wirkt leguanähnlich, ist aber komplizierter gebaut. Der unterschiedliche Abkauungsgrad der Zahnmaterialien führte zu einem bereits erheblich verbesserten Kaurelief. Im Kiefer von *Iguanodon* befanden sich etwa 120 Zähne. Diese Entwicklung verlief parallel zur zunehmenden Verlängerung der Schnauzenregion – im Gegensatz zu den eher kurzschnäuzigen Hypsilophodontiden. Auf der Schnauzenspitze der Iguanodontiden befand sich mit Sicherheit der charakteristische, zahnlose Hornschnabel zum Abrupfen der Vegetation, und weiter hinten die von den muskulösen Wangen umfaßten Mahlzahnreihen. Parallel zur Schnauzenverlängerung vergrößerte sich auch die Nasenöffnung; bei späten Formen wie *Iguanodon* waren die Nares externae 1/3 so lang wie der gesamte Schädel.

Die Iguanodontiden waren grundsätzlich größer als die Hypsilophodontiden. Sieht man von den kleineren Vertretern wie *Tenontosaurus* und *Dryosaurus* ab, die Bindeglieder zu den offensichtlich sehr eng verwandten Hypsilophodontiern darstellten, so waren Körperlängen zwischen 3–4 m *(Camptosaurus)* und bis zu 10 m *(Iguanodon)* eher typisch für diese Gruppe. Im Verlaufe ihrer Entwicklung bildeten die Iguanodontiden immer kräftigere Vorderextremitäten und Schulter-

Abb. 13: Der praktisch identische Körperbau verschiedener helmtragender Hadrosauriden (Lambeosaurinen); von oben nach unten: *Lambeosaurus, Parasaurolophus* (durchgezogene Linie), *Tsintaosaurus, Corythosaurus.* Zeichnung: H. W. Fischer.

gürtel aus, und der hohe Verschmelzungsgrad verschiedener Handknochen beweist ihre hauptsächliche Funktion als Laufbein eines vorwiegend quadrupeden Tieres. Das wohl typischste Unterscheidungsmerkmal der Iguanodontiden ist ihr charakteristischer Pollex. Er ist im Unterschied zu allen anderen Euornithopoda ein sehr kurzer, dafür aber mit einem kräftigen Stachel ausgestatteter Finger. Wegen seiner Kürze war er offensichtlich nicht in den Laufvorgang einbezogen, konnte aber sicherlich gegen Feinde eingesetzt werden. Andererseits ist es auch gut vorstellbar, daß mit einem derart stabilen Pollex gut nach Knollen gegraben werden konnte. In der Mittleren Kreide wurden die Iguanodontiden schlagartig selten, und nur wenige Formen überdauerten bis zum Ende dieser Ära. Dies scheint in engem Zusammenhang mit dem noch größeren Erfolg und der dadurch entstandenen Nahrungskonkurrenz zu den Hadrosauriden zu stehen.

Die sieben bis zehn Meter langen Hadrosauridae stellten den Höhepunkt der Euornithopoden-Entwicklung dar. Sie waren die letzte Euornithopoden-Gruppe, die sich in der Mittleren Kreide bzw. kurz davor entwickelte. Sie hatten ausgesprochen große, massige Körper, deren Bauplan nicht vom Grundmuster abwich und sich im Verlauf ihrer kurzen, aber erfolgreichen Entwicklung auch nicht wesentlich veränderte. Alle Hadrosauriden wiesen lange Schnauzen mit unterschiedlich breiten Schnauzenspitzen auf („Schnäbeln", daher auch die Bezeichnung der „Entenschnabeldinosaurier") sowie eine große Vielfalt von verschiedensten Schädelauswüchsen (Kämme, Stangen; Abb. 13). Die vorwiegend kammtragenden Formen waren die Lambeosaurinae (Endung „-inae" für Unterfamilien), die anderen, eher flachschädeligen, mit sehr großen Nasenöffnungen ausgestatteten Formen waren die eigentlichen Hadrosaurinae. Letztere werden wegen ihrer im Schnauzenbereich hochragenden Nasalknochen im englischen Sprachraum auch die „Römernasen-Hadrosaurier" genannt.

Bei allen Hadrosauriden war der I. Finger der Vorderextremität reduziert. Auch hier handelte es sich um eine in das vierfüßige Laufen eingebundene Hand mit entsprechenden hufartigen Verstärkungen zweier Zehenendglieder. Die auffälligsten Merkmale der Hadrosauriden waren ihre nochmals verstärkten, robusten Kieferknochen und die enorme Menge an Zähnen. Für den jeweils in Funktion befindlichen Zahn standen drei oder mehr Ersatzzähne bereits in Reihe. Diese Zahnbatterien, die ausgesprochen kräftige Kiefermuskulatur und die ähnlich den Hypsilophodontiern beweglichen Oberkiefer ergaben zusammen einen ausgesprochen effizienten Kauapparat, der sogar sehr harte Nahrungspflanzen aufschließen konnte. Bis heute sind zwei „Mumien" (eigentlich „Pseudomumien", keine Erhaltung von Original-Substanzen, sondern Ersatz durch Mineralien in sehr genauer „Abformung" auch der Haut) von Hadrosauriden bekannt geworden, die aus der Oberkreide von Alberta/Kanada stammen.

Die fossil überlieferten Mageninhalte dieser beiden Mumien bestanden zum größeren Teil aus Nadeln der sehr häufigen Kreide-Konifere *Cunninghamites*, aus Zweigresten weiterer Koniferen und von Laubbäumen sowie aus kleinen Samen oder Früchten. Zur Zeit der Untersuchung der Mageninhalte (ca. 1920) waren dies revolutionäre Ergebnisse. Man war zuvor davon ausgegangen, daß schwerfällige, träge Tiere wie die Hadrosauriden mit ihren „entenartigen" Schnäbeln bestenfalls

Wasserpflanzen abweiden konnten. Diese Annahme wurde unterstützt durch den seitlich abgeflachten Schwanz, der auf den ersten Blick wie ein Ruderschwanz aussieht, und die Erhaltung von zunächst schwimmhautähnlich aussehenden Geweben zwischen den Zehen der Vorderextremität. Mittlerweile ist man von dieser Deutung völlig abgegangen, was nicht zuletzt durch den Mageninhalt ausgelöst wurde, der ja eindeutig auf terrestrische (landlebende) Aktivitäten hinweist.

Die Schwanzregion der Hadrosauriden konnte keinesfalls zum Rudern gedient haben. Das Gitternetz der verknöcherten Sehnen, das bei den Hadrosauriden besonders ausgeprägt ist, verhindert laterale (seitwärts gerichtete) Bewegungen. Diese wären aber nötig, um zum Beispiel wie ein Krokodil im Wasser einen Vortrieb durch seitliches Schlagen mit dem Schwanz auszulösen. Die Hautstrukturen zwischen den Zehen werden heute als Indiz dafür gesehen, daß drei der vier Zehen der Hand einen Verbund bildeten, der in hufähnlichen Zehen endete, was wiederum in Einklang mit der hauptsächlich quadrupeden Fortbewegung stand. Die Zehen waren also nicht einzeln beweglich, wie dies für vorwiegende Greiffunktionen zu erwarten wäre, sondern eher fixiert und dafür stabil genug, den schweren Körper zu tragen. Trotzdem waren die Hadrosauriden sicherlich in der Lage, mit ihren Armen Äste herunterzudrücken und einzelne Zweige zum Maul zu führen.

Die Schädelauswüchse der Lambeosaurinen (Abb. 13) gaben seit ihrer Entdeckung Anlaß zu den verschiedensten Spekulationen. Genaue Untersuchungen ergaben bereits früh, daß die meisten der Schädelauswüchse innen hohl waren und einen mehr oder minder kompliziert gebauten Nasengang enthielten. Man nahm daher zunächst an, daß die Fortsätze und Helme vielleicht als Schnorchel für das Leben im Wasser dienten. Es existierten allerdings keine oben gelegene Öffnungen. Eine andere Deutung bestand – ebenfalls in Zusammenhang mit der aquatischen Lebensweise – in der Annahme von Lufttanks, also Reservoirs für Tauchgänge. Auch dies erscheint heute unwahrscheinlich. Die enorme Oberflächenvergrößerung der Nasengänge, die sich aus den Helmen ergab, läßt eher den Sitz von Drüsen vermuten oder eine generelle Erweiterung der Riechschleimhaut. Dies könnte auch mit dem Vorwärmen der Atemluft in Zusammenhang stehen, ebenso wie für Ancylosauriden postuliert. Andererseits muß vermerkt werden, daß Gestalt und Größe der Fortsatzausbildung offensichtlich geschlechtsspezifisch waren. Die heute wegen ihrer unterschiedlichen Skelett-Robustizität als „Männchen" und „Weibchen" einer Art gewerteten Individuen weisen verschieden intensive Ausformungen der Helme und Kämme auf. Dies schränkt die Bedeutung der Fortsätze für rein physiologische Zwecke (Atmung, Riechen) stark ein, da ein Unterschied zwischen der biologischen Effizienz der Männchen und Weibchen einer Art nicht unbedingt zu erwarten ist. Ein Geschlechtsdimorphismus dieses Typs wäre vielmehr gut mit einer reinen Signalwirkung der Kämme zu erklären. Diese selbst könnten dann im rein visuellen Bereich liegen (vielleicht noch durch Farben und/oder Hautlappen unterstützt). Andererseits wäre auch eine akustische Wirkung möglich.

Mitte der achtziger Jahre brillierte ein amerikanischer Fachwissenschaftler vielfach in Dokumentarfilmen über Dinosaurier, indem er ein langes Stück eines Abwasserrohres dem Fortsatz eines *Parasaurolophus* nachbildete, eines besonders extremen Vertreters der Lambeosaurinen (Abb. 10). In dieses U-förmig gebogene, recht große Rohr blies er dann vom Rand her hinein, und es ergaben sich durchaus signifikante, sehr tiefe Töne, ähnlich denen eines Nebelhornes. Diesem Prinzip der Blasinstrumente von Orchestern folgend, kann man bei den Lambeosaurinen-Nasengängen eine Vergrößerung des Resonanzbodens bzw. -hohlraums festellen. Es wäre also durchaus denkbar, sich eine breite Palette verschiedenster Geräusche vorzustellen, welche die Tiere mit ihren Helmen und Kämmen erzeugt haben könnten. Darüber hinaus erscheint aber im Falle dieser großen, ungepanzerten Pflanzenfresser noch eine weitere Ableitung aus den akustischen Nutzweisen denkbar: Neben der ganz allgemeinen Möglichkeit, miteinander zu kommunizieren und sich somit auch die Präsenz etwaiger Feinde mitzuteilen (neben der sonstigen innerartlichen Bedeutung), ist es möglich, sich eine Feindvermeidungsstrategie analog der von Elefanten vorzustellen. Elefanten produzieren extrem niederfrequente Geräusche, die für den Menschen nicht hörbar sind. Wenn ein Mitglied des Elefantenrudels einen Beutegreifer entdeckt, kann er dies nicht nur mitteilen, sondern die ganze Gruppe kann – unhörbar für den Feind! – die gemeinsame Flucht schnell und diskret abstimmen. Die Unhörbarkeit der „Elefantensprache" für den Menschen führte auch erst sehr spät zu ihrer Entdeckung. Bis dahin konnte man sich nicht erklären, warum voneinander abgekehrte Tiere eines Rudels, die definitiv nicht in Sichtkontakt zueinander standen, plötzlich alle in eine Richtung flohen.

Diejenigen Lambeosaurinen, die besonders hohe und große Kämme haben, konnten vielleicht ebenfalls besonders tiefe Töne erzeugen und waren gegebenenfalls in der Lage, ebenso effektvoll wie die Elefanten heute ihre Flucht vor größeren Theropoden zu koordinieren. Andererseits muß dieses Argument wieder relativiert werden: Elefanten bilden im Verhältnis zu den Hadrosauriden eher kleine Gruppen aus maximal 10 bis 20 Tieren (Jungtiere mit eingerechnet). Die fossil eindeutig belegbaren Herden der Hadrosauriden umfassen jedoch Hunderte, wenn nicht gar Tausende von Tieren. Eine derartig große Menge von Individuen kann ohnehin nicht mehr zu einer diskreten Flucht koordiniert werden. Zudem können bei den Elefanten Männchen und Weibchen gleichermaßen die Geräusche erzeugen.

In jedem Fall verbleibt die Möglichkeit, gegebenenfalls eine Kombination mehrerer denkbarer Funktionen der Helme zu postulieren. Zumindestens störten die Auswüchse offensichtlich nicht – dafür waren die fortsatztragenden Lambeosaurinen viel zu häufig und zu erfolgreich. Auch wissen wir nicht, ob und welche Funktion die Helme vielleicht zusätzlich erfüllten.

Die Hadrosaurinen, die eigentlichen Entenschnabeldinosaurier, waren nicht-fortsatztragende Hadrosauriden, die sehr große Nasenöffnungen hatten. Sie gelten als die primitivere der beiden Gruppen. Ihre Lebensweise und ihre Ernährung

dürfte weitestgehend mit der von Lambeosaurinen übereinge-
stimmt haben.

*Der Fall des Hadrosaurinen Maiasaura – vom Monster zur
Mutter zur Mélange.* Wie bereits bei den Theropoden erwähnt, war zu Beginn der Erforschung von Dinosauriern nur
wenig über deren Eier bekannt. Das Vorhandensein von Eiern
sprach lediglich für die definitive Zugehörigkeit der Dinosaurier zu den Reptilien. Da die Dinosaurier zudem besonders
großwüchsige Reptilien waren, ging man über lange Zeit von
schwerfälligen, unintelligenten Kreaturen aus, die innerartlich
miteinander bestenfalls einen unblutigen Umgang pflegten.
Erst in den 70er Jahren dieses Jahrhunderts wandelte sich das
Bild. Funde von juvenilen (jungen) Dinosauriern häuften sich,
als man begann, auf sehr kleine Knochen zu achten. Eine Sen-
sation war es, als Ende der 1970er Jahre in einer Oberkreide-
Lokalität in Montana, USA, überraschend nicht nur die Skelette von Baby-Dinosauriern gefunden wurden, sondern zudem erhaltene Nisthügel und Verbände von Eiern. Diese Funde lösten eine bis heute kontrovers diskutierte Kette von
Indizienbeweisen für das eine oder andere Paläoverhalten aus,
die beispielhaft für die gesamte Dinosaurierforschung ist. Die
Heftigkeit, mit der diese Indizien öffentlich und nicht-
öffentlich diskutiert werden, kann sich schon beinahe mit der
eines juristischen Prozesses messen. Um den Leser in die oft
komplexen Argumentationsketten einzuführen, soll die Be-
weisführung chronologisch wiedergegeben werden.

In den ausgehenden 70er Jahren wußte man bereits, daß es
zahlreiche verschiedene Typen von Dinosauriereiern gibt.
Viele Eier waren reine Einzelfunde, also ohne einen Kontext
zum Sediment oder der großflächigeren Umgebung; vereinzel-
te Assoziationen ließen aber schon auf Nester schließen. Die
Fundlage in Montana war nun für eine konsequente und
großflächige Herangehensweise sehr gut geeignet: Die Ober-
kreidesedimente kommen dort in wüstenhafter Umgebung vor
(wenig Vegetation), d.h. es konnten große Areale abgegraben
werden, wobei man den ungefähren Schichtgrenzen folgte.

Die Fundsituation stellte sich so dar: Von einer bestimmten Sorte Eier waren an einer Stelle besonders viele Bruchstücke in Zusammenhang mit zahlreichen Babyskeletten gefunden worden. Genauere Untersuchungen ergaben, daß es sich um einen ehemaligen kleinen Hügel (ca. 3 m Durchmesser) handelte, der in der Mitte eingetieft war und in dieser Mulde eine andere Sorte Sediment enhielt als die umgebenden Kalkmergel. Es fanden sich darin zahlreiche pflanzliche Reste (Samen, Pollen und Sporen) sowie konzentrierte Eischalenbruchstücke und durcheinandergewürfelte Babyknochen. Die Zahl der Jungtiere konnte für den „Hügel"-Inhalt auf elf ermittelt werden; vier Exemplare lagen direkt daneben, es waren also insgesamt 15 Tiere. Die Eischalen in der Mulde waren stark fragmentiert, die Zähne der Jungtiere abgenutzt. Die Gliedmaßen (speziell die Langknochen) zeigen keine deutlich ausgeformten Muskelansatzflächen. Die Gliedmaßengelenke waren nicht verknöchert, sondern offensichtlich knorpelig, ebenso wie die noch nicht verschmolzenen Sacralwirbel.

Diese Beobachtungen deutete man zunächst folgendermaßen: Der kleine Hügel mit Mulde darin muß ein fossiles Nest darstellen, daß bewußt angelegt wurde (gegraben, aufgeschüttet). Die Muldenfüllung stellt zum Teil pflanzliches Material dar, das man sich in Analogie zu den Bruthügeln von Krokodilen aufgetürmt vorstellte. Das „gehäufte" Auftreten der elf Babies im Innern der Mulde sowie die darin befindlichen Eischalen beweisen, daß es ein Nest ist. Der hohe Grad an Fragmentierung der Eischalen muß durch die Aktivitäten der Babies bewirkt worden sein, die das Nest offenkundig verlassen konnten (die vier außen befindlichen Leichen), dies aber anscheinend nicht alle taten. Daß die Babies länger beieinander blieben, wird durch die unvollständig verknöcherten Gliedmaßen und die „zertrampelten" Eischalen-Bruchstücke angezeigt. Andererseits sind die Abnutzungsspuren an den Zähnen deutlich; offensichtlich fraßen die kleinen Hadrosauriden. Da sie aber wegen der schwachen Gelenke nicht in der Lage waren, das Nest weiträumig zu verlassen, müssen sie gefüttert worden sein. Dies paßt im aktualistischen Vergleich mit Vögeln in das Bild von Nesthockern, die stets von mindestens einem Elterntier Nahrung erhalten. Diese Deutung wurde noch unterstützt durch das Aussehen der Babies: Es handelte sich eindeutig um Hadrosaurinae, also um Dinosaurier, die im adulten (erwachsenen) Zustand ausgesprochen langgezogene, flache Schädel hatten; ihre Babies jedoch hatten extrem kurze, hohe Schnäuzchen und sehr große Orbitae! So etwas paßte hervorragend in das Verhaltensmodell vom „Kindchenschema", also elterliche Verhaltensweisen unterstützendem Aussehen der Babies. Schlagartig wandelte sich das Bild von diesen Tieren von „Monstern" zu „pflegenden Elterntieren".

Nicht nur die wissenschaftliche Welt war davon begeistert. In der Nähe der Fundstelle mit dem „Muster-Nest" (es gibt noch einige weitere, die aber nicht in derselben Qualität untersucht worden sind) fand sich der Schädel eines erwachsenen, bis dato nicht bekannten Typus von Hadrosaurinen. Mit wachsender Datendichte kristallisierte sich heraus, daß das gesamte Areal der Grabungsstellen praktisch ausschließlich von diesem Hadrosaurier-Typ bewohnt wurde. Da man nunmehr von elterlich-sorgenden Befähigungen zumindest dieser Art ausgehen konnte, benannte man sie „Maiasaura", die „Gute-Mutter-Echse". Die Theorie vom nestbauenden Dinosaurier, der die Nester darüber hinaus bewacht und zudem die schon geschlüpften Jungen füttert, wurde über die Jahre durch neue Funde erhärtet. Man fand heraus, daß ab einer kritischen Größe (ca. 1 m und knapp darüber) keine Jungtiere mehr in Nestern zu finden waren, sondern daß sie ab dieser Größe eher zusammen mit adulten Maiasauriern gefunden wurden. Dies ergab das Bild des „Teenagers", der seine Befähigung zum Wandern mit den oben erwähnten, riesigen Herden erhalten hatte.

Mitte der 80er Jahre regten sich jedoch bereits kritische Stimmen: Mißtrauische Wissenschaftler hatten vollständige Eier mit Embryonen darin aus ähnlichen Lokalitäten, die jetzt häufiger vermeldet wurden (z.B. in der nördlichen Fortsetzung von Montana, USA, in Alberta, Kanada), einmal von innen betrachtet: Die Zähne waren abgekaut. In der Tat begannen die Embryonen offensichtlich bereits kurz nach der Herausbildung von Zähnen im embryonalen Kiefer damit, Kaubewegungen zu vollführen – schon im Ei. Dies führte zur gegenseitigen Abnutzung der Kauflächen von Ober- und Unterkieferzähnen. Damit war ein Argument der „Maiasaura-Theorie" entkräftet. Das Modell des Kindchenschemas ist mittlerweile auch nicht mehr unumstritten. Viele Biologen werten es als rein allometrische (auf unterschiedlichen Wachstumsgeschwindigkeiten beruhende) Zwangsläufigkeit der Schädelentwicklung. Den stärksten Schlag erhielt die These von den „pflegenden Eltern" jedoch 1996, als Wissenschaftler der Universität von Oregon erstmalig eine genaue Überprüfung der Verknöcherungsgrade von nestflüchtenden und nesthockenden Vogelküken und von Krokodilbabies vornahmen. Zum einen zeigte sich dabei, daß die überwiegend knorpelige Gelenkflächenbildungen besonders des Femurs und des Acetabulums keine Argumente für das Nesthocken sind, da dies auch heutige Nestflüchter (Krokodile, diverse Vögel) aufweisen. Außerdem ist die charakteristische, vollknorpelige Gelenk-Endmasse ohnehin nicht fossil erhaltungsfähig, wodurch sich auch nicht auf ihre relative Dicke schließen läßt. Weiterhin zeigen weder die Langknochen von Nestflüchtern noch von Nesthockern irgendwelche deutlich ausgeformten Muskelansatzstellen.

Das interessanteste Argument ergab sich jedoch aus der Beckenstruktur selbst. Neuerliche Untersuchungen an den Beckenknochen der kleinen Maiasaurier haben ergeben, daß diese recht stark verknöchert sind. Die Art der fortschreitenden Verknöcherung stimmt sehr genau mit der von heutigen Nestflüchtern überein, wohingegen die heutigen Nesthocker das Becken in den frühesten Stadien nach dem Schlupf noch praktisch überhaupt nicht verknöchern. Dieser wiederum aktualistische Vergleich ist deshalb besonders verläßlich, weil die Vögel und die Krokodile die nächsten heute lebenden Verwandten der Dinosaurier darstellen. Auch das gemeinsame Vorkommen von adulten und juvenilen Exemplaren auf größeren Nistplätzen bedeutet nicht zwangsläufig eine vogelartige Brutpflege; es erinnert eher an das längere Zusammenbleiben von Baby- und Mutter-Krokodilen nach dem Schlupf. Das Bild von den Maiasauriern (und damit wahrscheinlich auch aller anderer Hadrosauriden) muß somit korrigiert werden. Auch hier helfen aktualistische Vergleiche: Krokodile graben Nester für ihre Eier, viele füllen diese auch mit verrottendem Pflanzenmulm, der durch die Gärung Wärme erzeugt. Die meisten Krokodile bewachen ihre Nester entweder auf weitere Distanz oder indem sie mit der Kehle oder dem vorderen Teil des Rumpfes auf dem Nisthügel ruhen. Sie warten den Moment des Schlupfes ab – oft alarmiert durch das durchdringende Piepen der Babies –, helfen dann den Jungtieren beim Schlupf und beim Erreichen des nächstgelegenen Wasserkörpers (z.T. Transport im Maul der Mutter) und bewachen sie während der ersten kritischen Lebenswochen. Dies ist auch eine Form von Brutpflege. Zwei für viele Vögel charakteristische Verhaltensweisen unterbleiben dabei allerdings: das aktive Bebrüten unter Zuhilfenahme eigener Körperwärme und das Füttern der Babies – sei es im Nest oder auf gemeinsamen Ausflügen. Junge Krokodile haben ohnehin ein völlig anderes Nahrungsspektrum (z.B. Insekten) als erwachsene; mehr als ein Bewachen des Nachwuchses ist dem Muttertier nicht möglich. Dieses Beispiel zeigt noch viel deutlicher als alle anderen Fragestellungen der Dinosaurierforschung, daß ohne solide Grundkenntnisse der rezenten Biologie von Landwirbeltieren eine Beurteilung von fossilen Überresten nicht nur schwierig, sondern auch fragwürdig erscheint.

6.1.2.2 Marginocephalosauria

Alle zu den Marginocephalosauriern gehörenden Dinosaurier hatten am hinteren Rand des Schädels verschiedenartige knöchernen Verstärkungen.

Pachycephalosauria. Die Pachycephalosauriden oder „Dickschädeldinosaurier" waren eine rätselhafte, nur spärlich überlieferte Dinosaurierfamilie der Kreide. Es gibt nur drei einigermaßen vollständige Skelette, obwohl die Gruppe sowohl in

Nordamerika als auch in Europa, Asien und Madagaskar nachgewiesen ist. Alle Pachycephalosaurier hatten kurze Schädel mit spitzen Schnauzen; sie hatten nur sehr kleine Zähne mit schwachen randlichen Kerbelungen. Ihre Vorderextremitäten waren sehr kurz: Die Tiere waren also biped. Es gab kleinwüchsige Formen wie *Stegoceras*, aber auch Giganten wie den giraffengroßen *Pachycephalosaurus*. Auffälligstes Merkmal aller Pachycephalosaurier ist die extreme Verdickung des Schädeldaches, die innerhalb dieser Familie etwas variierte. Von unspezifischen Verdickungen der frühen Formen ausgehend, entwickelten sich bei späteren Formen die gewaltig hochgewölbten, enorm verstärkten Schädeldome der typischen Vertreter. Von den ursprünglichen Schädelöffnungen der Dinosaurier verblieben nur die Nares und die Orbitae. Die Praeorbitalöffnung und die beiden Temporalöffnungen waren geschlossen. Die im Bereich mehrerer Zentimeter liegende Verdickung zweier Schädeldachknochen (10 cm und mehr: Frontalia und Parietalia; beim Menschen sind das in recht ähnlicher Konfiguration die Stirn und die Kopfoberseite) und die damit verbundene Aufwölbung des Schädels wurden in der Erforschungsgeschichte der Pachycephalosaurier recht bald als verhaltensbedingte Ramm-Einrichtung gedeutet. Ähnlich wie die heutigen Boviden, die Rinderverwandten, können Verdickungen, Hörner und ähnliches sowohl innerartlichen Zwecken dienen (Rivalenkampf zwischen Männchen) als auch zwischenartlichem Abwehrverhalten.

Die heute gängige Interpretation geht davon aus, daß die Männchen dieser Dinosauriergruppe mit ihren Köpfen frontal aufeinander zugerannt sind, also tatsächlich jeweils mit den domförmig aufgewölbten Schädeldächern selbst zustießen. Diese Vorstellung ist insbesondere bei den sehr großen Formen naheliegend und wird durch einige anatomische Besonderheiten unterstützt: Zum einen spricht die ohnehin massive Schädelverdickung für diese Deutung. Zum anderen ist die Schädelbasis verkürzt ausgebildet; der Schädel selbst sitzt mittig auf der Wirbelsäule auf. Dies ergibt bei horizontaler Bewegungsführung (waagerechte Wirbelsäule) eine vollkommen geradlinige Druckübertragung ohne etwaiges Ausscheren der Halswirbelsäule. Die Wirbel der Pachycephalosaurier sind in ihrer Beweglichkeit durch besondere Fortsätze untereinander sehr stark verankert, was eine zusätzliche Stabilisierung erbringt. Zur Zeit wird noch diskutiert, ob die vorliegenden Anpassungen für ein Abfangen der beim Kopf-zu-Kopf-Rammen einsetzenden Drücke eventuell nicht ausreichen (Gefahr von Wirbelverletzungen), und ob somit eher von einem Rammen der Flanken ausgegangen werden sollte.

Ceratopsia. Alle Ceratopsiden – Horndinosaurier – bildeten als gemeinsames Merkmal einen besonderen Knochen an der Schnauzenspitze des Oberkiefers aus, das sogenannte Rostrale. Es saß direkt vor bzw. auf dem Praemaxillare und sah wie ein kräftiger, nach unten gebogener Papageienschnabel aus. Zu Lebzeiten war das Rostrale ebenso wie das Praedentale von einer kräftigen Hornscheide überzogen. Mit diesem aus Rostrale und Praedentale gebildeten, schmalen aber scharfen Schnabel konnte die pflanzliche Nahrung effizient abgerupft und ausgerissen werden. In der stammesgeschichtlichen Betrachtung liegt die Entwicklung des Rostralknochens deutlich vor der Entwicklung der Hörner, dem wohl typischsten Merkmal zumindestens der fortschrittlichen Ceratopsiden.

Die Bezahnung der Ceratopsier war ebenso wie die der Hadrosauriden hoch entwickelt. Es handelte sich wiederum um große Mengen von Zähnen (allerdings nicht so viele wie bei den Hadrosauriern), die in Zahnbatterien angeordnet waren. Im Gegensatz zu den Hadrosauriden war das Kauen der Ceratopsier kein breitflächiges Mahlen der pflanzlichen Nahrung, sondern eher ein „Zerschreddern", also ein sehr feines Zerschneiden in viele dünne Streifen. Es sind allerdings zur Zeit noch keine Funde mit erhaltenem Mageninhalt bekannt, die genaueren Aufschluß über die Art der bevorzugten Vegetation geben könnten.

Weitere Charakteristika der Ceratopsiden waren die weit nach innen gesenkten Wangenknochen, die ausgeprägt viel Platz für Wangenmuskulatur boten. Ein Knochen unterhalb

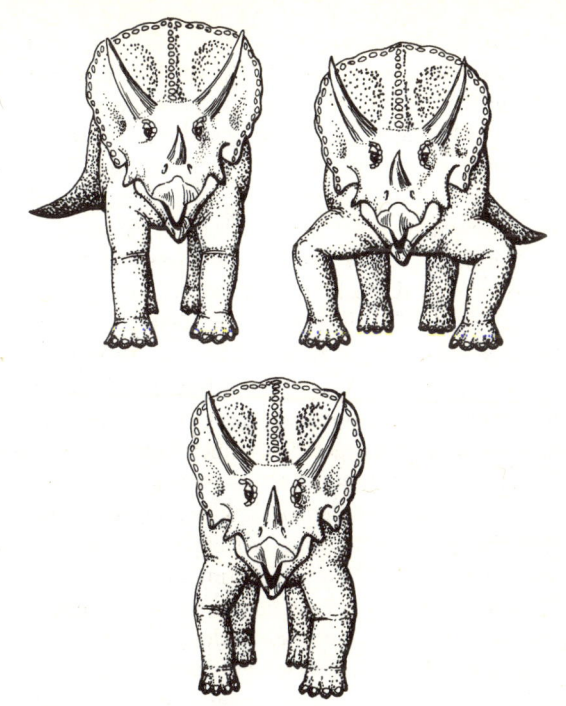

Abb. 14: Die drei existierenden Modellvorstellungen zur Orientierung der Vorderextremitäten der Neoceratopsier (hier am Beispiel von *Triceratops*); die voll aufrechte Stellung (links oben), die vollständig abgespreizte Stellung (rechts oben) und die derzeit präferierte halb aufrechte Stellung (Mitte unten).

der Orbita ragt in Form eines dreieckigen Sporns nach hinten-unten und ist bei verschiedenen Gattungen der weit entwickelten Ceratopsiden ausgesprochen groß. Er wirkt wie ein weiteres Horn, ein Wangenhorn (Abb. 14). Die besonders kräftige Ausbildung des Schädelhinterrandes in Form eines knöchernen, nach hinten weisenden Schildes stellt ein weiteres Merkmal der Ceratopsiden dar. Dieser Nackenschild entwickelte sich offensichtlich aus knöchernen Fortsätzen, die um die Temporalöffnungen herum angelegt waren. Lange Zeit deutete man die Funktion der teils gigantisch großen und langen

Nackenschilde als Muskelansatzflächen für die Kiefermuskulatur. Nicht alle Schilde der verschiedenen Ceratopsier hatten jedoch geeignete Ansatzflächen, und zudem bewirkt die Verlängerung von Muskulatur nicht zwingend eine Verstärkung.

Man geht heute eher davon aus, daß die Schilde ebenso wie die Hörner in den innerartlichen Verhaltenskontext gehören, also optische Signale für Partnersuche, Rivaleneinschüchterung und gegenseitige Erkennung setzten. Insbesondere die Verschiedenartigkeit der Schilde und Hörner und ihre oftmals deutlichen Ornamentierungen sprechen sehr für diese Deutung. So hatte *Chasmosaurus* beispielsweise einen sehr weit nach hinten ragenden, leicht eckig wirkenden Schild, der jedoch zum großen Teil fenestriert war – er wirkte wie ein Rahmen. *Triceratops* hingegen hatte einen kürzeren, massiven Schild. *Styracosaurus* trug am Rand seines sehr flachen Schildes sechs weitere, nach hinten weisende „Hörner" bzw. Stacheln. Die über den Augen und der Nase sitzenden Hörner waren mit hoher Wahrscheinlichkeit im Verteidigungskampf gegenüber den Theropoda einsetzbar, eine Darstellungsweise, die sich in vielen Rekonstruktionen findet.

Über die tatsächliche Beweglichkeit der Ceratopsiden wird noch gerätselt. Einerseits waren sie in ihrem Habitus den heutigen Nashörnern recht ähnlich, andererseits hatten sie einen erheblich archaischeren Humerus. Gerade dieser bzw. die gesamte Vorderextremität wird in vielen Museumsmontagen noch komplett abgespreizt dargestellt (Abb. 14). Dies ergibt das seltsame Bild einer vorn schubkriechenden, hinten voll aufrechten Extremitätenmodifikation. Interessanterweise gibt es jedoch Ceratopsiden-Fährten aus Colorado, die enger schnürend sind und mindestens auf eine halb aufrechte Vorderextremität (halb aufrecht: wie bei heutigen Krokodilen), wenn nicht sogar auf eine voll aufrechte Haltung schließen lassen (Abb.14). Von der Schultergelenkstruktur her wären vorwiegend die beiden letzteren Bewegungsformen möglich.

Die aufgefundenen Fährten zeigen anhand der Schrittabstände, daß die Ceratopsier offensichtlich nicht sehr schnell waren. Vielleicht handelte es sich um gemächlich lebende Rudeltiere, die nicht so schnell ins Galoppieren gerieten wie die heutigen Nashörner, dafür jedoch beim Einsatz des schweren Schädels bei Kämpfen auch in die vermutlich stabilere, ein Widerlager bildende Position seitlich abgespreizter Vorderextremitäten gehen konnten. Den fortschrittlicheren Ceratopsiern ist darüber hinaus gemeinsam, daß sie eine Tendenz zum Vergrößern der Nasenöffnung hatten, die meist mit der Praeorbitalöffnung zusammen eine einzige, enorm große Öffnung bildete. Weiterhin war eine Tendenz zur Verkürzung des Schwanzes ausgeprägt; er wurde nicht mehr zum Ausbalancieren von Bewegungen benötigt. Das Becken wurde durch eine stammesgeschichtlich zunehmend höhere Zahl von miteinander verschmolzenen Wirbeln gebildet, ein Vorgang, der bei den hoch entwickelten eigentlichen Neoceratopsia seinen Höhepunkt erreichte. Zu den Ceratopsiden rechnet man zum einen die ursprünglicheren Psittacosauridae der Unterkreide, die nur aus der einen Gattung *Psittacosaurus* bestehen, zum anderen die fortschrittlicheren Neoceratopsia der Oberen Kreide. Die asiatischen Fundorte der wohl bipeden Psittacosaurier weisen auf den Entwicklungsschwerpunkt der Ceratopsier in Asien hin. Die nur zwei Meter großen Psittacosaurier repräsentierten sehr gut den Ursprungstyp der späteren Horndinosaurier: Sie hatten bereits den charakteristischen „Schnabel" aus Rostrale und Praedentale, der bei ihnen jedoch sehr hoch war. Ein kurzer Knochenkamm am hinteren Rand des Schädels überragte ganz leicht die Halswirbelsäule. Die Finger der kurzen Vorderextremität waren auf vier reduziert, wobei der äußerste der kürzeste war. Der Pollex erschien leicht abgesetzt vom Rest der Hand und war vielleicht zu Greifbewegungen in der Lage. Deutlich abgeschliffene Magensteine deuten bei Psittacosauriden darauf hin, daß ihr Verdauungssystem mit einer zusätzlichen „gastric mill"-Funktion ausgestattet war (siehe Plateosaurier).

Die nachfolgende, die Psittacosaurier ablösende Gruppe der Neoceratopsier war durch ihre erdgeschichtlich schnelle Verbreitung bis nach Nordamerika und ihre Vielgestaltigkeit wohl eine der erfolgreichsten Dinosauriergruppen überhaupt. Die zunächst noch stärker den Ursprüngen verhaftete Gruppe der Protoceratopsiden (Obere Kreide) zeigte bereits folgende Merkmale: Der Schädel war im Verhältnis zum Körper extrem groß. Ein kurzer, aber deutlicher Nackenkamm war ausgebildet. Der „Schnabel" war deutlich stärker gekrümmt und spitzer als bei den Psittacosauriden und bildete einen scharfkantigen, zentralen Kiel. Die Extremitäten waren annähernd gleich groß und wiesen somit auf die obligatorische Quadrupedie hin. Trotzdem waren die Protoceratopsiden, deren häufigste fossile Vertreter wiederum aus Asien stammen (*Protoceratops, Bagaceratops)*, noch in einigen Punkten deutlich „primitiv": Sie hatten recht kleine Nares, einen sehr kurzen Nackenschild und keine Hörner. Protoceratopsiden gehören zu den besonders häufigen Funden in der chinesischen und mongolischen Gobi. Die ihnen zugeschriebenen Eier müssen aufgrund der Identifikation von *Oviraptor*-Embryonen nunmehr neu untersucht werden. In jedem Fall handelte es sich um in Verbänden lebende Tiere. Zudem weist etwa die Hälfte der gefundenen Skelette Abweichungen in der Schädelmorphologie auf; man kann daher mit relativ hoher Sicherheit davon ausgehen, daß es sich hierbei um einen Geschlechtsdimorphismus handelt.

Die am weitesten entwickelte Gruppe innerhalb der Neoceratopsier waren die eigentlichen Ceratopsidae. Sie wurden sehr groß (4 bis 8 m), entwickelten gigantisch große und vor allem lange Schädel (1 bis 2,4 m!) und darüber hinaus eine Vielfalt von verschieden gebauten Nackenschilden und Hörnern. Man unterteilt die Ceratopsidae in die ursprünglicheren Pachyrhinosaurinae und die fortschrittlicheren Ceratopsinae. Die Pachyrhinosaurinen sind in erster Linie aus nördlich gelegenen Lokalitäten wie Montana (USA), Alberta (Kanada) bis hin nach Alaska bekannt und hatten kürzere, hohe Schädel mit einem eher kurzen Nackenschild. Ihre unpaaren Nasenhörner befanden sich direkt oberhalb der Nasenöffnungen (Nasalhörner) und waren ziemlich groß, ihre paarigen, hinter den Augen liegenden Stirnhörner (Postorbitalhörner) hingegen waren meist nur schwach ausgebildet. *Styracosaurus* war ein typischer Vertreter der Pachyrhinosaurinae ebenso wie der in einer kanadischen Lokalität massenhaft geborgene *Centrosaurus*. Das Nasalhorn von *Centrosaurus* war zudem nach vorn gebogen.

Weiter verbreitet als die vorgenannte Gruppe waren die Ceratopsinae; ihr Verbreitungsgebiet erstreckte sich offensichtlich von den nördlichen Gebieten bis hinunter nach Texas/USA. Zu den ceratopsinen Formen gehörten Vertreter wie *Pentaceratops* (bei diesem werden die Wangenstacheln unterhalb der Augen mitgezählt, daher „penta", fünf), der langschädelige *Chasmosaurus* und der noch extremere *Torosaurus* sowie natürlich *Triceratops*. Ein 1996 erschienenes amerikanisches Dinosaurierbuch nennt die Gattung *Triceratops* „Jedermanns Lieblings-Ceratopsier", was wohl der Realität entsprechen dürfte. Anhand dieser hinlänglich bekannten Gattung läßt sich allerdings auch ein Problem der Ceratopsier-Forschung wie auch gleichermaßen des paläontologischen Art-Begriffs gut darstellen: Die Nackenschilde und Hörner stellten in all ihrer Vielfalt zwischen den verschiedenen Gattungen und Unterfamilien wohl hauptsächlich optische Signalträger innerhalb der eigenen Art dar, vielleicht aber auch Waffen im Kampf gegen andere Arten (u. a. Räuber). Es gibt keine hornlosen *Triceratops*-Funde, demnach hatten wohl Männchen und Weibchen gleichermaßen Hörner ausgebildet. Im Gegensatz zu einigen rezenten Säugetieren, die ihre Hörner oder Geweihe nur temporär ausbilden (Hirschverwandte), handelte es sich bei *Triceratops* definitiv um permanente Behornungen. Dem Prinzip des Aktualismus folgend, treten deutliche Übereinstimmungen mit den heutigen horntragenden, pflanzenfressenden Säugetieren Afrikas auf, und zwar insbesondere mit den Boviden (Rinderartigen). Auffällig ist nun, daß an der Gattung *Triceratops* trotz der geringen Funddichte von nur 32 Schädeln aus demselben Gebiet (Ost-Wyoming), die zwischen 1889 und 1892 aufgesammelt wurden, insgesamt 16 verschiedene Arten aufgestellt wurden. Die Plausibilität dieser Arten, die so klingende Namen erhielten wie *Triceratops horridus, Triceratops brevicornus* oder *Triceratops flabellatus* wurde lange Zeit nicht hinterfragt. 1990 kamen Wissenschaftler auf die Idee, die Unterschiede an den Schädeln, die zu den verschiedenen Artzuweisungen seit 1890 geführt hatten, nochmals genau zu überprüfen. Diese Untersuchungen ergaben, daß viele der als artliche Merkmale gewerteten Strukturen – die in erster Linie die Hörner und den Nackenschild betrafen – eher der natürlichen Variabilität verschiedener Individuen innerhalb einer Art entsprechen könnten. Diese gar nicht so überraschende Feststellung läßt sich am Beispiel der afrikanischen Kuhantilopen nachvollziehen: Die Gnuverwandten Kongoni und Chama *(Alcelaphus)* treten innerhalb einer Art *(A. buselaphus)* mit verschiedengestaltigen Unterarten auf sowie wiederum mit Hybriden zwischen verschiedenen Unterarten. Die sich dabei herausbildende Variabilität der äußeren Morphologie ist insbesondere an den Hörnern sehr gut zu erkennen. Selbst bei oberflächlicher Betrachtung dieser Problematik läßt sich erkennen, daß gewisse Unterschiede zwischen den Unterarten, zwischen Männchen und Weibchen (bei gleichermaßen ausgebildeten Behornungen) und zwischen unterschiedlichen Altersgruppen auftreten. Dazu kommen die individuellen Variationen jedes einzelnen Tieres mit einer großen Bandbreite von morphologischen Unterschieden, die sich auch an den Knochen ausprägen. Die Definition der sogenannten „biologischen Art", die der „paläontologischen Art" gegenüber stets einfacher greifbar schien, wird heutzutage wieder diskutiert.

Bei *Triceratops* handelte es sich um einen ziemlich großwüchsigen Pflanzenfresser, bei dem in Analogie zu den Elefanten oder den früher in Nordamerika häufigen Bisons davon ausgegangen werden darf, daß selbst große Areale von nur sehr wenigen Arten (zwei bis drei) bewohnt wurden. Dies spricht dafür, die 16 Typus-Arten von *Triceratops* zusammenzufassen, entweder zu nur einer Art – wie von den bearbeitenden Wissenschaftlern gefordert – oder zumindestens zu weniger Arten als den ursprünglichen 16.

7. Vom Text zum Tier – der Gang ins Museum

Nach der Lektüre der zahllosen verschiedenen Dinosaurier-
formen will man nun vielleicht versuchen, das Gelesene um-
zusetzen. Dazu bieten sich drei Orte besonders an: Die Dinosaurierhallen der beiden großen Naturkundemuseen in Berlin
und Frankfurt/Main (Skelette) und das Freilichtmuseum
„Dinosaurierpark Münchehagen" westlich von Hannover
(Fährten). Die Analyse der Skelette sollte stets in derselben
Reihenfolge stattfinden: Blick auf das gesamte Skelett (Grund-
typ, Habitus; Grobzuordnung), dann Schädel (Knochenbau –
Bezahnung) – Halswirbelsäule – Rumpfwirbelsäule mit
Rippen – Schwanzwirbelsäule – Schultergürtel – Vorderextremität – Beckengürtel – Hinterextremität. Ebenso wie
das gesamte Skelett betrachtet man den Bereich des Kopfes
sinnvollerweise zunächst von der Seite. Oft ist eine Schädelseite besser erhalten als die andere, was mit den fossilen Ein-
lagerungsbedingungen in Zusammenhang steht. In vielen
Lehrbüchern ist traditionell die linke Seite des Kopfes abge-
bildet.

7.1 Die Dinosaurierhalle im Museum für Naturkunde
der Humboldt-Universität zu Berlin

Um den Überblick nicht zu verlieren, sollten Sie versuchen,
dem hier vorgegebenen groben Leitfaden zu folgen. Er ist systematisch orientiert und folgt damit exakt der in den vorher-
gehenden Kapiteln besprochenen Reihenfolge. Betreten Sie die
Halle vom normalen Besucherführungs-Eingang aus (Aus-
gangspunkt), dann erkennen Sie bereits, daß darin nicht nur
Dinosaurier ausgestellt sind, sondern auch eine Vielzahl anderer ausgestorbener Reptilien. Sie sollten unbedingt auch diesen Exponaten etwas Zeit widmen; im folgenden konzentrie-
ren wir uns jedoch ausschließlich auf die Dinosaurier.
Wir beginnen mit den ausgestellten Saurischiern. Die Sauropodomorphen bilden den Schwerpunkt dieser Halle; schon

auf Anhieb erkennen Sie drei sehr große Skelette. Wir wenden uns jedoch zunächst einer Vitrine hinten links an der Wand zu, die einen *Plateosaurus* zeigt. Es handelt sich um einen Dinosaurier (fast aufrechte Extremitäten, Praeorbitalöffnung) sowie speziell um einen Saurischier, wie man am Becken und am Fuß erkennen kann. Das hier biped montierte Tier wird heute vorwiegend quadruped dargestellt. Aufgrund der fakultativen Bipedie handelt es sich um einen Prosauropoden. Dieser Fund stammt aus der Obertrias von Halberstadt. Die bereits bei *Plateosaurus* deutlichen Tendenzen zur Verkleinerung des Kopfes, Verlängerung des Halses und zum Größenwuchs setzen sich in der nachfolgenden Schwestergruppe der Sauropoden fort.

Drei Sauropoden-Skelette befinden sich in der Halle. Das links stehende, sehr dunkel wirkende Skelett wird nicht besprochen – es handelt sich um einen Abguß der Gattung *Diplodocus*, die in einer moderneren Montage im Senckenberg-Museum zu sehen ist; wir kommen später darauf zurück. Widmen Sie sich zunächst dem ganz rechts stehenden Vertreter, dem *Dicraeosaurus*. Er gehörte zur selben Familie wie *Diplodocus* (Diplodocidae) und war ebenso typisch wie die namengebende Gattung. Das Skelett ist sowohl von der Montage als auch von der Größe und Höhe her optimal einsehbar. Die Interpretation von *Dicraeosaurus* soll Ihnen daher beispielhaft zeigen, wie Sie in einem Museum aus einem Skelett selbständig lesen können.

Betrachten Sie zunächst das Becken – das Pubis strahlt nach vorn, also ist es ein Saurischier. Auch Pollex und Hallux sind groß und abgesetzt – ebenfalls Saurischier-Merkmale. In der Ausbildung mit einer großen Klaue davor handelt es sich um ein Sauropodomorphen-Merkmal. Die Körpergröße, der Habitus und die obligatorische Quadrupedie des gesamten Skelettes sprechen für einen Sauropoden.

Der Schädel von *Dicraeosaurus* ist ein Modell. In den Grundzügen ist der diplodocide Schädelbau aber auch an einem solchen Abguß gut erkennbar. Der Schädel als ganzes ist recht klein im Verhältnis zum Körper. Die eigentliche Nasenöffnung ist eine Art „Doppelöffnung" (beide Nares externae sind verschmolzen); sie befindet sich direkt über den Augen und bildet sozusagen den Scheitelpunkt des Kopfes. Die kleineren Öffnungen an der Schnauzenspitze sind lediglich Foramina für Blutgefäße und Nerven. Die Orbita ist groß und rund. Vor ihr liegt die tränenförmig wirkende Praeorbitalöffnung, darunter – in einer außergewöhnlich weit nach vorn reichenden Modifikation – das untere Temporalfenster. Das obere Temporalfenster ist kleiner und liegt direkt hinter dem Auge auf der Schädeloberfläche. Die schräg nach vorn geneigten, stiftartigen Zähne sitzen nur an der Schnauzenspitze. Die Wirbelsäule ist lang – beachten Sie besonders die gut einsehbaren Halswirbel mit ihren zahlreichen Fortsätzen für die Ligamente und die Muskulatur. Bei einem solchen Bautyp wird die Vorstellung vom staubsaugerartigen Fressen der Diplodociden sehr gut nachvollziehbar. Versuchen Sie einmal sich vorzustellen, wie dieses große Tier den Kopf beim Fressen langsam von rechts nach links schwingt und dabei eine sehr große Fläche abweidet. Achten Sie am Rumpf auf die zunehmend höheren doppelten Dornfortsätze der Wirbel, die ihren Höhepunkt in der Hüftregion erreichen. Sie bieten viel Ansatzfläche für Körperlängsmuskulatur. Die lange Schwanzwirbelsäule würde man in einer moderneren Montage stärker horizontal anbringen; es gibt – wie oben erwähnt – nur sehr rare Funde von Schwanzschleifspuren bei Sauropoden. Die hintersten Schwanzwirbel tragen immer weniger bis gar keine Fortsätze mehr; dann bestehen sie nur noch aus dem Wirbelkörper, was diesen Bereich des Schwanzes zu einer effizienten „Peitsche" machte.

Betrachten Sie nun den Schultergürtel. Scapula und Coracoid sind miteinander verschmolzen; das Coracoid erkennen Sie an der kleinen Öffnung. Zusätzlich sind zwei Sternalplatten (Brustbeine) ausgebildet, die ebenso wie der Schultergürtel lose montiert sind – ohne Kontakt zur Wirbelsäule. Der Humerus ist nicht völlig schlank, sondern trägt diverse Verbreiterungen für Muskulaturansatzstellen. Beide Arme sind nicht völlig senkrecht unter dem Körper montiert; man geht jedoch heute davon aus, daß die Sauropoden auch voll vertikalisierte Vorderbeine hatten.

Richten Sie Ihren Blick nun auf Radius und Ulna und die darunter befindliche, stark verschmolzene Region der Handwurzelknochen, von denen nur zwei zu erkennen sind. Darunter strahlen die charakteristischen fünf Metacarpalia ab, die deutlich hochgestellt sind, also nicht flach dem Boden aufliegen. Die kurzen Zehen mit ihren kräftigen Endgliedern sind wiederum ein typisches Merkmal der Sauropoden. Ebenso säulenförmig wie die Vorderextremität ist auch die Hinterextremität. Sehen Sie sich genau das überaus kräftige Ilium an, das auf breiter Fläche Kontakt zur Wirbelsäule hat. Pubis und Ischium bilden den typischen Winkel zueinander, und der Oberschenkelknochen greift in die von allen drei Knochen gebildete, durchbrochene Öffnung des Acetabulums. In diesem „Loch" findet die eigentliche Bewegung statt. Der Kopf des Femur greift exakt hinein und vermittelt über einen abgesetzten Winkel zum sehr geraden Schaft dieses Knochens. Schauen Sie entweder leicht von vorn oder von ganz hinten auf das Skelett und versuchen Sie, auf die obere Verstärkung des Acetabulum-Randes zu achten: Diese verhindert das Ausscheren des Femur.

Wie bei vielen anderen Dinosauriern ist bei *Dicraeosaurus* das Femur der größte Einzelknochen des Skeletts. Tibia und Fibula sind große, massive Knochen, die ineinander leicht verankert sind (mit angepaßten Kontakt-Facetten). Auch hier ist die Fußwurzelregion kompakt und hochgradig verschmolzen. Die fünf Metatarsalia liegen wiederum nicht dem Boden auf; die Zehen selbst sind kurz. Für beide Extremitäten gilt, daß sie überaus typisch für Sauropoden sind: Sie sind säulenförmig, aber die einzelnen Elemente sind nicht so massiv oder robust wie bei einem Tier dieser Größe unmittelbar zu postulieren wäre. Die Füße sind sehr kurz, und unterhalb der jeweiligen Mittelhand- und -fußknochen saß mit hoher Wahrscheinlichkeit das oben erwähnte, elastische Gewebepolster zur Abfederung der Bewegung. Betrachten Sie die Füße genau, und behalten Sie in Erinnerung, wie sie aussehen; sie werden bei der Interpretation von Fährtenfunden noch von Bedeutung sein.

Der riesige Sauropode in der Mitte der Halle ist der weltberühmte *Brachiosaurus* aus der Familie der Brachiosauridae. Der Original-Schädel steht in einer kleinen, separaten Vitrine vor dem Skelett, das seinerseits nur einen Abguß trägt. Beachten Sie hier: die Bezahnung des gesamten Kieferbereiches, den Winkel der Zähne sowie die Gestalt der Zähne; die hochgewölbte, dünne Knochenspange, die zwischen den beiden riesigen Nares verläuft, die vergleichsweise kleine Praeorbitalöffnung, die dreieckige Orbita sowie die stark modifizierten Temporalöffnungen. Bei diesem Original ist sogar noch ein Teil des ehemaligen inneren Gehirnskelettes, des Neurocraniums, zu erkennen. Von diesem konnte ein Ausguß angefertigt werden, der die ungefähre Form des Gehirns wiedergibt und in derselben Vitrine liegt.

Betrachten Sie dann den Körper: Die Halswirbelsäule sitzt schon in der Grundstruktur dem Körper vertikal auf. Die einzelnen Wirbel sind extrem kompliziert gebaut (für Details: separate Halswirbel in den Flurvitrinen vor der Dinosaurierhalle). Die Rumpfwirbelsäule ist eher kurz, die Rippen sind lang; der Schwanz ist im Verhältnis kürzer als bei den Diplodociden und muß wiederum horizontal orientiert gedacht werden. Der Schultergürtel liegt zum Teil im Original, zum Teil in Form von Abgüssen vor. Achten Sie hier auf folgende Merkmale: die riesige Scapula, die weit nach hinten-oben ausgezogen ist (Schultermuskulatur!); den sehr langen Humerus; die etwas kürzeren Elemente Radius und Ulna, die gegeneinander rotieren können; die sehr hohen, miteinander fest verankerten Metacarpalia mit den daransitzenden, kurzen Zehen. Beachten Sie bei der Hinterextremität: das zwar stabile, aber nicht sehr große Becken (besonders das Ilium), das gerade Femur, die darunter befindlichen relativ kurzen Elemente Tibia und Fibula und wiederum den leicht erhöhten, aber kurzen restlichen Fuß. Vergleichen Sie einmal die Längen von Humerus (2,14 m – damit höher als jeder Mensch!) und Femur sowie von Radius/Ulna und Tibia/Fibula und bedenken

Sie, daß es sich tatsächlich um ein Landwirbeltier mit längeren Vordergliedmaßen handelt. Der Berliner *Brachiosaurus* war über praktisch 70 Jahre das einzige montierte Brachiosauriden-Skelett der Welt und somit auch der größte montierte Dinosaurier überhaupt. Mittlerweile gibt es aber „Konkurrenz": Eine nordamerikanische Art des *Brachiosaurus* steht in einer moderneren Montage im Field Museum of Natural History in Chicago. Die Vorderextremitäten des Berliner Exemplars sind „klassisch" abgespreizt montiert. Das Chicagoer Exemplar dagegen wurde nach neueren Erkenntnissen voll aufrecht montiert und ist 15–20 cm höher als das Berliner Exponat – und damit über 12 m hoch, was die amerikanischen Kollegen mit Stolz vermerken.

Der *Elaphrosaurus* hinten rechts in der Halle ist ein typischer Theropode. Er trägt wiederum das Saurischier-Becken, ist allerdings an die bipede Gangweise angepaßt. Der Schädel dieses Exponates ist kein Abguß eines vorhandenen Originals, sondern nur ein Modell, da der Schädel von *Elaphrosaurus* nicht gefunden wurde. Beachten Sie beim restlichen Skelett: Es ist sehr leicht und grazil gebaut. Nicht von außen sichtbar ist die Tatsache, daß die meisten Knochen hohl sind, wie es für Theropoda typisch ist. Nur die Schwanzwirbel blieben massiv, da der lange Schwanz ein Balanciergegengewicht darstellte. Auch er muß horizontal gedacht werden. Desweiteren fallen auf: der lange Hals, der mittelgroße Rumpf mit kurzen Rippen, die verkürzten Vorderextremitäten mit entsprechend kleinem Schultergürtel, die reduzierte Anzahl der Zehen an der Vorderextremität, das stabile, aber typische Saurischier-Becken und vor allem die an schnelles Laufen angepaßte Hinterextremität. Das Femur ist recht kurz; dafür sind Tibia/Fibula und die drei verbleibenden Metatarsalia um so länger, was zu einer digitigraden Bewegung führt. Die Zehen enden in Krallen. Die genaue systematische Stellung von *Elaphrosaurus* ist noch umstritten. Er ist ein gutes Beispiel dafür, wie schwierig es ist, ohne den dazugehörigen Schädel nur mit dem Postcranial-Skelett (dem hinter dem Kopf gelegenen Skelett-Anteil) Systematik zu betreiben. Leider sitzen die meisten systematisch wirklich nutzbaren Merkmale am Schädel, ein altes Problem der Wirbeltierpaläontologie.

Von den Theropoda leiten sich die Urvögel her, deren berühmtester Vertreter ebenfalls in der Halle des Humboldt-Museums zu sehen ist: *Archaeopteryx*. Das Original befindet sich in einem Tresor weitab von den Ausstellungsräumen, aber der gezeigte Abguß hat eine sehr gute Qualität. Beachten Sie das grundsätzlich theropodenhafte Skelett mit dem bezahnten Kiefer, den bekrallten Zehen der Vorderextremität und der langen Schwanzwirbelsäule. Die Federn sind ebenso wie der vogeltypische Bereich der verschmolzenen Claviculae ("Furcula") erhalten. *Archaeopteryx* stammt aus den lithographischen Kalken des Oberen Jura von Solnhofen.

Auch zwei Ornithischier sind in der Berliner Dinosaurierhalle ausgestellt. Direkt vor dem *Dicraeosaurus* befindet sich das Skelett von *Kentrurosaurus*. Zunächst bestätigen Sie bitte die Zugehörigkeit zu den Ornithischiern durch die genaue Analyse des Beckens: Tatsächlich sind die beiden Pubes nach hinten orientiert und liegen damit parallel zu den Ischia. Sie bilden sogar auf diesem evolutiven Niveau bereits einen neuen Praepubisfortsatz aus, der wiederum nach vorn weist wie in der klassischen Anlage der Saurischier. Der recht kleine Schädel ist als Abguß wiedergegeben. Schädelabgüsse des *Kentrurosaurus* sind leider schon mehrfach entwendet worden ("Souvenirs"?), obwohl sie nicht einmal sehr wirklichkeitsgetreu nachgebildet waren. Grundsätzlich sollte aber am derzeit dort befindlichen Abgußstück das charakteristische Praedentale der Ornithischier an der Unterkieferspitze erkennbar sein. Der Hals von *Kentrurosaurus* ist eher kurz. Der große, massige Körper trägt lange, breite Rippen; der lange Schwanz ist noch nicht freitragend montiert. Die auffällige Reihe von Hautverknöcherungen beidseitig der Wirbelsäule weisen *Kentrurosaurus* als einen Vertreter der Thyreophora aus. Die im Gegensatz zu den Ancylosauriern nicht vollständig den Körper umfassende Panzerung ist ein Merkmal der Stegosauriden.

Kentrurosaurus zeigt im Gegensatz zu *Stegosaurus* eine andere Variationsmöglichkeit der Knochenplatten, die hier schon auf Höhe des Rumpfes in die Stacheln übergehen, welche schlußendlich die Spitze des Schwanzes bilden. Die Vorderextremität samt dazugehörigem Gürtel wirkt sehr plump. Achten Sie auf das vergleichsweise große Scapulocoracoid und den mit vielen Fortsätzen ausgestatteten Humerus, die hier abgespreizt montierte Haltung des Beines sowie die kurzen Füße, die in recht stabilen kleinen Zehenendgliedern auslaufen. Die Hinterextremität zeichnet sich durch folgende Merkmale aus: Das Ilium ist enorm groß und seitlich verbreitert; es stellte einen zusätzlichen Schutz der Hinterextremität dar (analog zu den Ancylosauriern). Das Femur ist sehr lang und gerade. Der Unterschenkel trägt eine sehr dünne, spangenartige Fibula; die Füße sind kurz und mit stabilen, teils hufartigen Zehenendgliedern ausgestattet. Es ergibt sich das Bild eines noch klassisch montierten, aber ohnehin nicht übermäßig agilen Pflanzenfressers, bei dem wohl noch deutlicher als bei *Stegosaurus* der Verteidigungszweck der knöchernen Hautstacheln zum Ausdruck kommt, da diese wohl kaum ausreichend Fläche für einen thermoregulatorischen Effekt besessen haben dürften.

Der andere Ornithischier befindet sich in einer Vitrine weit vorn rechts. Es handelt sich um einen kleinwüchsigen, bipeden Vertreter. Auch hier ist der Schädel ein Abguß. Das Ornithischier-Becken ist erkennbar. Die sonst für Ornithischier so typischen Querverspannungen der knöchernen Sehnen fehlen jedoch ebenso wie beim *Kentrurosaurus*. Die eingesenkte Wangenregion am Schädel spricht auch ohne genauere Kenntnis der Bezahnung für einen schon recht weit entwickelten Ornithopoden mit muskulösen Wangen. *Dysalotosaurus* wird heute zur Gattung *Dryosaurus* gerechnet und stellt somit den basalsten Typ der Iguanodontiden dar, obwohl er vom Habitus und der Größe her eher den Hypsilophodontiden entspricht. Der Hals ist kurz, der Körper mit den sehr kurzen Rippen eher lang, und die noch klassisch montierte Schwanzwirbelsäule ist sehr lang. Auch diese muß man sich streng horizontal getragen vorstellen. Die Vorderextremität samt Schultergürtel ist kurz, die Hand noch fünfzehig. Die Hinterextremität hingegen sitzt einem durchaus kräftigen Becken an; das Femur ist nicht völlig gestreckt, sondern leicht S-förmig gebogen, also noch nicht optimiert vertikalisiert angelegt. Wie bei *Elaphrosaurus* ist das Femur recht kurz, dafür ist der Tibia/Fibula-Komplex sehr lang, und auch die Metatarsalia sind verlängert. Der Fuß ist somit digitigrad und zudem nur noch dreizehig, wie es für schnell laufende, bipede Ornithischier typisch ist. *Dysalotosaurus* stellte einen kleinen, flinken Pflanzenfresser dar, der sicherlich im Gruppenverband lebte und im Notfall (Feindbedrohung) seine Rettung in der Flucht suchte.

Die fünf zuletzt besprochenen Dinosaurier, nämlich *Dicraeosaurus, Brachiosaurus, Elaphrosaurus, Kentrurosaurus* und *Dysalotosaurus* stammen alle aus einer weltberühmten oberjurassischen Lokalität, dem Tendaguru-Hügel im heutigen Tansania, Anfang dieses Jahrhunderts noch Deutsch-Ostafrika. Sie ist bis auf den heutigen Tag die wichtigste Dinosaurier-Fundstelle des afrikanischen Kontinents. Dort führten deutsche Wissenschaftler von 1907 bis 1913 eine Großgrabung durch, die zu den im Naturkundemuseum der Humboldt-Universität zu Berlin gezeigten, spektakulären Funden führte. Es wäre heute von hohem wissenschaftlichen Interesse, erneut am Fuße des Tendaguru zu graben. Kleinwüchsige Faunenbestandteile wie Flugsaurier, Echsen und mesozoische Kleinsäugetiere sind nur ungenügend bekannt; die Kenntnis der Dinosaurier-Fauna könnte durch eine neuerliche Grabung dort sicherlich erweitert werden. Die politische Lage in Tansania ist derzeit absehbar stabil, Regierung und lokale Bevölkerung stehen einer eventuellen Wiederaufnahme der Grabungen unter Leitung tansanischer und deutscher Wissenschaftler sehr positiv gegenüber. Allerdings ist ein solches Unterfangen außerordentlich kostspielig. An diesem Beispiel läßt sich die Problematik einer jeden Saurier-Großgrabung verdeutlichen: Es kann zum Teil auf die Hilfe der lokalen Bevölkerung zurückgegriffen werden, die als bezahlte Arbeiter und Angestellte eines Grabungsprojektes eingebunden werden könnten. Dinosaurierknochen sind jedoch in der Regel groß und sehr schwer, Bergung und Transport sowie die anschließende Lagerung sind teuer. Es müßten zudem Präparatoren ausgebildet werden, die ausschließlich Tendaguru-Material freipräparieren. Dazu wäre es erforderlich, das tansanische Nationalmuseum in Dar es Salaam oder ein lokales Museum in Lindi entsprechend auszubauen sowie natürlich das kooperierende internationale Museum. Auch muß ausreichend Platz zum Magazinieren und Ausstellen des Materials vorhanden sein. Das Berliner Museum beispielsweise hat noch heute einen bis an den Rand gefüllten „Knochenkeller" mit wissenschaftlich noch nicht vollständig erfaßten Tendaguru-Dinosaurierknochen und eine ebenso volle Ausstellungshalle.

Die wiederholten Expeditionen verschiedener angloamerikanischer Teams in die chinesische wie auch die mongolische Gobi haben auch an „klassischen" Lokalitäten völlig neue Erkenntnisse gebracht. Der Oberjura Tansanias ist zwar nicht ohne weiteres mit der Kreide der Wüste Gobi vergleichbar, birgt jedoch mit Sicherheit noch manche Neuigkeit. Wäre es möglich, ein Konsortium aus verschiedenen Museen/Instituten und Finanzgebern zu bilden, so könnte eine erneute internationale Großgrabung unter tansanischer Federführung durchgeführt werden. Es ist jedoch nicht absehbar, ob ein solches Unterfangen in den finanziell sicherlich kritischen nächsten Jahren realisiert werden kann.

7.2 Die Dinosaurierhalle des Forschungsinstituts und Naturmuseums Senckenberg in Frankfurt/Main

Das Naturmuseum in Senckenberg zeichnet sich gegenüber dem Humboldt-Museum in Berlin durch den Besitz zweier sehr moderner Skelettmontagen aus: der des *Diplodocus* und des *Tyrannosaurus*. Wiederum in systematischer Reihenfolge vorgehend sei an dieser Stelle nur kurz darauf verwiesen, daß sich auch hier eine *Plateosaurus*-Darstellung befindet, die allerdings sehr hoch an die Wand montiert und zudem nur halbseitig angelegt ist. Für diejenigen Leser, die im Senckenbergmuseum beginnen, muß der *Plateosaurus* der systematische Startpunkt sein (Sauropodomorpha, Prosauropoda).

In der Mitte des Raumes steht das größte Skelett, es stammt von *Diplodocus*. Hierbei handelt es sicht nicht um die klassische Montage der zahlreichen Standard-Abgüsse des *Diplodocus carnigei*, die der Millionär Andrew Carnegie am Anfang dieses Jahrhunderts anfertigen ließ und damit die meisten traditionellen Museen bestückte, sondern um eine recht aktuelle Montage mit größtenteils echten Knochen aus dem Dinosaur National Monument in Utah/USA. Beachten Sie zunächst das Gesamtbild: Es ergibt den Eindruck eines in den Hinterextremitäten leicht „hockenden" Tieres mit nach hinten hoch getragenem Schwanz, der aus Platzgründen in seinem hintersten Teil bogenförmig abbiegt. Die hier hervorragend in ihrer Dreidimensionalität begreifbare Beckenkonstruktion definiert *Diplodocus* als einen Saurischier, die Größe und der robuste, quadrupede Habitus als einen Sauropoden. Der sehr kleine Schädel ist vom zentralen Treppenaufgang aus gut zu sehen. Man erkennt die zahlreichen, eher komplex wirkenden Fenstrierungen der weit oben liegenden Nares externae, der großen runden Orbitae sowie der davor liegenden, dreieckigen Praeorbitalöffnungen. Die Temporalöffnungen sind beim Senckenberger Exemplar schwerer auszumachen. Die weit vorn und schräg an den Kieferrändern stehenden Zähne sind stiftförmig und nicht allzu kräftig. Betrachtet man den Kopfbereich von unten, erkennt man die schmal wirkenden beiden Unterkieferäste. In dieser Ansicht sind selbst die beiden oberen Temporalöffnungen sichtbar, durch die Sie auf diese Art hindurchsehen (via Decke der Halle). Achten Sie auf die lange Halswirbelsäule mit den zahlreichen Verstrebungen und Fortsätzen sowie die kräftige Rumpfwirbelsäule mit den langen Dornfortsätzen der Wirbel. Die Schwanzwirbelsäule ist hier korrekt – nämlich horizontal – montiert, die letzten, praktisch fortsatzlosen Wirbel bilden den peitschenhaften Anteil. Die Dornfortsätze der davor gelegenen Schwanzwirbel sind praktisch gleich lang wie die unten an den Wirbeln gelenkenden Haemapophysen. Die großen Extremitätenknochen sind robust, aber dennoch für ein Tier dieser Größe schlank gebaut.

Achten Sie besonders auf die nach hinten-unten weisende Gelenkpfanne vom Scapulocoracoid für den Humerus und die deutliche Aussparung des Acetabulums für das Femur mit seinem deutlich abgesetzten Kopf. Diese Anpassungen erlauben die vertikale Position der säulenförmigen Gliedmaßen unter dem Körper, auch wenn es bei diesem Exponat von der Haltung her fast schon den Anschein hat, es wolle gerade Eier legen.

Der mit Sicherheit größte Publikumsmagnet ist das *Tyrannosaurus*-Skelett. Es handelt sich um einen „dynamisch" montierten Abguß des New Yorker *Tyrannosaurus rex*, der praktisch alle wichtigen Merkmale dieses gigantisch großen, typischen Theropoden zeigt. *Tyrannosaurus* war biped und sehr gut an das mehr oder minder schnelle Laufen angepaßt. Das Becken bestätigt die Zugehörigkeit von *Tyrannosaurus* zu den Saurischia, der deutliche, hammerartige Fortsatz am Pubis die Zugehörigkeit zu den fortschrittlichen Theropoda. Der im Verhältnis riesige Kopf des *Tyrannosaurus* und seine allgemeine Größe definieren ihn als einen Vertreter der Carnosaurier.

Im Schädel muß man die zahlreichen Öffnungen der Reihe nach analysieren: Die Nasenöffnung ist relativ einfach auszumachen; vor der riesigen Praeorbitalöffnung ist jedoch ein großes Maxillarfenster ausgebildet. Erst dahinter folgt die Praeorbitalöffnung selbst und wiederum dahinter die ausgesprochen vertikal angelegte Orbita. Nur die obere Hälfte der Orbita war Sitz des Augapfels. Darüber ist eine Wulst ausgebildet, eine Art „knöcherne Augenbraue" zum Schutz des Auges. Hinter der Orbita liegen nicht zwei Öffnungen, sondern eine große – die untere Temporalöffnung –, die durch einen mittigen Fortsatz sekundär in zwei Bereiche unterteilt wird. Die auf dem Schädeldach liegende obere Temporalöffnung ist nicht sichtbar. In diesem doch sehr reichhaltig fenstrierten Riesenschädel sind zumindestens die extrem robusten, zahntragenden Bereiche gut auszumachen: Praemaxillare, Maxillare und Dentale. Die Zähne selbst sind aufgrund des permanenten Nachwachsens unterschiedlich groß, aber generell sehr kräftig. Falls Tyrannosauriden ähnlich jagten wie in „Jurassic Park" dargestellt, was durchaus heutigen Großreptilien wie Waranen vergleichbar wäre, dann muß neben dem kräftigen Maul auch eine entsprechend kurze, aber kräftige Halswirbelsäule ausgebildet sein. So wäre ein Totschütteln von schon gepackten Beutetieren mit dem Kopf gut denkbar. Tatsächlich ist die Halswirbelsäule von *Tyrannosaurus* stabil genug: Die einzelnen Wirbel sind recht kurz, dick und durch diverse Fortsätze untereinander gut verankert, aber dennoch beweglich. Die Rumpfwirbelsäule ist lang, jedoch auch recht robust. Der offensichtlich zum Ausbalancieren der bipeden Laufweise eingesetzte Schwanz ist hier horizontal montiert. Die an den Wirbeln unten erkennbaren Haemapophysen sind länger als die Dornfortsätze der Wirbel, was auf eine andersartige Verankerung der Schwanzmuskulatur als beispielsweise bei den großen Sauropoden schließen läßt. Die Rekonstruktion des Schwanzes ist allerdings wahrscheinlich zu lang. Die winzigen Ärmchen tragen nur noch die Zehen I und II sowie bei genauer Betrachtung ein Relikt des Metacarpale III. Die Endphalangen sind durch deutliche Krallen gekennzeichnet. Auffällig ist die Scapula; beachten Sie diesen langen, weit in Richtung Wirbelsäule gebogenen Knochen. Daran saß offensichtlich eine durchaus kräftige Schultermuskulatur. Die Hinterextremität von *Tyrannosaurus* zeigt einmalig gut das charakteristische Laufbein der Theropoda, das sich letztlich bis heute in der verwandten Gestalt des Vogelbeines erhalten hat. Man erkennt das im Verhältnis kurze Femur (mit deutlich abgesetztem, rundlichem Caput femoris im Acetabulum), den ebenso langen Tibia-Fibula-Komplex sowie darunter die drei verbleibenden langen und ein kurzer Metatarsal-Knochen. Der Sporn von Zeh I ist nur noch an den Innenseiten der Beine zu erkennen. Die drei anderen, tragenden Metatarsalia (II, III, IV) zeigen einen hohen Grad an Verwachsung miteinander (besonders III) – dies führte in der Entwicklungsgeschichte zu den Vögeln letztlich zu einem einzigen, stabilen Verbundknochen.

Die Ornithischier sind im Naturmuseum Senckenberg durch drei sehr wichtige Exponate vertreten. Die bipeden Ornithopoden sind gut an ihren kürzeren Vorderextremitäten zu erkennen. Inmitten der Halle steht ein historisch montiertes Skelett (Abguß) eines *Iguanodon*. Die Entwicklung der eingesenkten Wangenregion läßt sich am Ausstellungsstück kaum erkennen, da der Schädel sehr weit oben ist. Trotz der heute nicht mehr anerkannten, auf dem Schwanz hockenden Montage des Tieres mit vertikaler Wirbelsäule zeigt dieser Abguß sowohl das Ornithischier-Becken als auch das ebenso für Ornithischier typische Netzwerk verknöcherter Sehnen entlang der Wirbelsäule. Der Schwerpunkt liegt dabei auch hier im Hüftbereich. Das ebenso an das zweibeinige wie das vierbeinige Laufen angepaßte Hinterbein ist gut zu erkennen. Im Verhältnis zu den unteren Segmenten des Beines ist das Femur erheblich länger als beim ausschließlich zweibeinig laufenden *Tyrannosaurus*. Auch sind die Metatarsalia von *Iguanodon* nicht so lang. Man muß sich das Tier also eher als einen vorwiegend quadruped laufenden Vertreter vorstellen.

Ein besonderes „Prunkstück" der Senckenberger Sammlung ist die Pseudomumie von *Edmontosaurus*, einem echten Hadrosauriden. Dieses bereits im systematischen Teil erwähnte Stück ist besonders kostbar und daher in einer separaten Glasumhausung untergebracht, die sich im Subparterre hinter der eigentlichen Dinosaurierhalle befindet.

Versuchen Sie zunächst, das ganze Objekt zu erfassen, indem Sie die Gelegenheit nutzen, es von oben zu betrachten (Bodendurchbruch). Sie erkennen einen fast vollständigen Entenschnabeldinosaurier wie aus dem Lehrbuch: Vorn die extreme Schnauzenverbreiterung, der ansonsten Hadrosauriertypische Schädel mit der weit eingetieften Wangenregion und den gerade noch erkennbaren Zahnbatterien sowie einem knöchernen Augenring (eine sehr seltene Erhaltungsform!), der die genaue Lage des Augapfels anzeigt. Die Halswirbelsäule ist zurückgekrümmt, wie es für trocken eingebettete Landwirbeltierleichen typisch ist. Rumpf- und Schwanzwirbelsäule zeigen die charakteristischen verknöcherten Sehnen.

Die rechte Vorderextremität ragt in die Luft und zeigt noch Abdrücke des ehemaligen Hautgewebes sowie die hufartigen Endglieder der Strahlen II und III. Die Hinterextremitäten sind nicht vollständig erhalten. Der fossile Mageninhalt (Koniferennadeln) dieses Exemplars wurde bereits erwähnt.

Ganz links vorn in der Halle steht ein weiterer Ornithischier, ein *Stegosaurus*. Aufgrund seiner engen Verwandtschaft mit dem tansanischen *Kentrurosaurus* gilt das für das Berliner Exponat Gesagte.

Sehr instruktiv ist die „Ceratopsier-Ecke" in der Halle hinten rechts. Ein vollständiges *Triceratops*-Skelett sowie zwei weitere, unterschiedlich gut erhaltene *Triceratops*-Schädel sind dort nebeneinander aufgestellt.

Betrachten Sie zunächst den Schädel des montierten Skelettes. Der typische Rostral-Knochen des Oberkiefers ist gut zu erkennen. Er bildete zusammen mit dem Praedentale des Unterkiefers und den dazugehörigen Hornscheiden den Ceratopsier-typischen „Papageienschnabel". Unterhalb des unpaaren Nasenhorns liegt die sehr große Nasenöffnung, die bereits mit der Praeorbitalöffnung einen gemeinsamen Komplex bildet. Das kleine, runde Auge liegt direkt unter den großen, paarigen Hörnern. In der vertikalen Verlängerung nach unten entdecken Sie ein typisches Wangenhorn. Das gewaltig nach hinten ausgezogene Nackenschild ist nur auf der Oberfläche leicht durchbrochen; dies ist die ehemalige obere Schläfenöffnung, die zu einem kleinen Teil noch dem Ansatz von Kiefermuskulatur diente. Der Schild selbst ist von zahlreichen Grübchen und Riefen durchzogen, offensichtlich zu Lebzeiten Sitz von Blutgefäßen und Nerven der darübersitzenden Haut. Die Wangenregion ist tief eingesenkt, konkav. Die Bezahnung ist nicht gut zu erkennen, man erahnt jedoch die effizienten Zahnbatterien, wenn man von vorn genau in die Schnauze hineinblickt. Die Halswirbelsäule ist fast völlig vom Nackenschild bedeckt. Der Rumpf ist groß und kräftig, die Schwanzwirbelsäule eher kurz und nicht sonderlich verstärkt. Dennoch sind auch hier verknöcherte Sehnen ausgebildet, die oberhalb des Beckens erkennbar sind.

Die archaisch wirkende Vorderextremität ist hier rein schubkriechend, also abgespreizt, montiert. Wie bereits oben diskutiert, nimmt man heute eher einen halb aufrechten Modus für die Ceratopsier an, was auch den Fährten eher entspricht (Abb. 14). Das Ilium ist stark verbreitert und zieht als zusätzlicher Schutz seitlich über die Hinterextremität. Die voll aufrechte Hinterextremität (äußerst gerades Femur) ist ebenso wie die Vorderextremität typisch für ein gemächlich laufendes, quadrupedes Tier: Humerus und Femur sind lang, Radius/Ulna und Tibia/Fibula sind eher kurz (besonders an der Vorderextremität), auch die Füße selbst sind kurz, kräftig und enden in hufartig verbreiterten Zehen. An einem der beiden isolierten Schädel ist in der Ansicht von hinten („Hinterhauptsansicht") besonders gut das Gelenk des Schädels zur Wirbelsäule (Hinterhaupts-Condylus) zu erkennen, das praktisch kreisrund ausgebildet ist.

Mit den besprochenen fünf Dinosauriern des Senckenberg-Museums endet die anatomische Einführung an dieser Stelle. Da Dinosaurier auch Fährten hinterlassen haben, wenden wir uns nun einem einzigartigen Fährtenvorkommen in Norddeutschland zu.

7.3 Das Dinosaurierfährten-Naturdenkmal und Freilichtmuseum Münchehagen bei Hannover

In Bereich der Rehburger Berge in Niedersachsen, einem Vorkommen von Unterkreide-Sandsteinen, wurden 1980 zusammenhängende, sehr lange Fährtenfolgen entdeckt. Es handelt sich dabei um eines der bedeutendsten Fährtenvorkommen in Mitteleuropa. Dieses wurde sowohl wissenschaftlich bearbeitet als auch zum Naturdenkmal erklärt und in ein Freilichtmuseum umgesetzt. Sein Zentrum ist eine sehr große Schutzhalle, die den wichtigsten Teil der Fährten überdeckt und schützt. Der Dinosaurierpark Münchehagen liegt westlich von Hannover südwestlich vom Steinhuder Meer; er kann über die Bundesstraße 441 erreicht werden (Nähe Kloster Loccum).

An dieser Lokalität kann man hervorragend einen völlig anderen Aspekt der Dinosaurier studieren, nämlich den des indirekten Nachweises durch eine Vielzahl von einzelnen Trittsiegeln (über 250 Stück). Die hier vorliegenden Spuren setzen sich aus Sauropoden-Fährten von sieben verschiedenen Individuen und einer dreizehigen Fährte zusammen. Der Besucher kann einen großen Teil des recht geradlinigen Fährtenverlaufs auf den leicht schräggestellten Unterkreide-Schichten von einer Besucherplattform aus verfolgen. Die Fährten der Sauropoden sind sehr groß, im Schnitt 90 cm lang und ca. 85 cm breit und rundlich-oval. Leider sind keine Abdrücke von einzelnen Zehen und Krallen erhalten; somit kann nicht für alle Fährten eine definitive Laufrichtung ermittelt werden. Aufgrund der guten Kenntnis von Sauropoden-Fußskeletten kann man diese Fährten durch ihre Größe (minus 10–20% für den tatsächlichen Durchmesser) und die rundliche Struktur („elefantenfüßig") eindeutig den Sauropoden zuordnen. Auch sind die rechten und linken Fährten gut voneinander unterscheidbar: Die jeweils steilere Flanke der besser erhaltenen Trittsiegel stammt von den Fußinnenseiten. Die meisten Fährten stammen nur von den beiden Hinterextremitäten; eine besonders schöne Fährte jedoch zeigt auch die kleineren Abdrücke der Vorderfüße, die beim Vorwärtslaufen von den Hinterfüßen „übertreten" wurden und somit in diesem Fall die Bewegungsrichtung anzeigen.

Man geht davon aus, daß das Sedimentationsgebiet der Fährten zur Zeit der Durchquerung von Sauropoden ein großes Delta war, in dem zunächst süßes bis brackiges und erst später salziges Meereswasser vorhanden war. Die dauerhafte Überdeckung des Gebietes durch Wasser führte dazu, daß große Pflanzenfresser auf dem Weg zu neuen Nahrungsgründen immer wieder einmal größere Wasserflächen überqueren mußten. Dabei kann es zu einem kurzzeitigen Aufschwimmen der Vorderbeine gekommen sein, die keinen oder nur einen sehr schwachen Abdruck hinterließen. Eher selten kam es zu einem nachweisbaren Durchschreiten auf allen vieren, wie bei der einen vierfüßigen Fährte.

Die einzige dreizehige Fährtenspur des ehemaligen Steinbruchs ist 28 m lang und kann nicht genau bestimmt werden. Zum einen kommen grundsätzlich die beiden „vogelfüßigen" Dinosauriergruppen als Erzeuger in Frage, also die fleischfressenden Theropoden und die pflanzenfressenden Ornithopoden. Zum anderen sehen die durchaus in der Unterkreide Norddeutschlands häufigen *Iguanodon*-Fährten (Ornithopoda) durch das stärkere Auseinanderspreizen der 3 Zehen anders aus als die vorliegende, eher kompakte Fußspur, und die Theropoda zeigen in der Regel mehr oder minder deutliche Krallenabdrücke vor den Zehen. Somit läßt sich zwar der tatsächliche Erzeuger nicht feststellen, aufgrund solider anatomischer Kenntnisse der Fußstrukturen von im Skelettbau bekannten Dinosauriern ist zumindestens das Ausschlußprinzip möglich. Immerhin handelte es sich um ein sehr eng schnürend laufendes Tier (also vollaufrechte Extremitäten) mit einer Mindest-Hüfthöhe von 2 m, und dies ergibt eine Gesamtkörpergröße von ca. 5–7 m. Um die Fährten herum rankt sich ein erdgeschichtlicher Pfad mit vielen verschiedenen Modellen von ausgestorbenen Wirbeltieren verschiedener Erdzeitalter. Der Schwerpunkt liegt jedoch auch hier auf den Dinosauriern. Die Modelle werden ständig aktualisiert. Der Besuch dieses Dinosaurierparks lohnt zudem wegen der ständig wechselnden kleinen Sonderausstellungen.

8. Epilog – Stoffwechsel, Rekonstruierbarkeit und Aussterben der Dinosaurier

Ob „die" Dinosaurier warmblütig oder kaltblütig waren, läßt sich nicht pauschal beantworten. Zum einen ist die Datenbasis unsicher, zum anderen sind die Dinosaurierfamilien sehr unterschiedlich gebaut. Die Gigantothermie als eine Form des Metabolismus sehr großer Dinosaurier und eine verbesserte Form der Ektothermie für kleinere Dinosaurier sind denkbare Möglichkeiten. Eine solche Verbesserung könnte schon eine vollständig geschlossene Herzscheidewand sein – die der Krokodile ist unvollständig ausgebildet, aber schon effizienter als ein völliges Fehlen der Trennung von arteriellem und venösem Blutkreislauf. Diese Strukturen werden jedoch nie nachweisbar sein. Die schwer zu analysierenden Feinstrukturen der Knochen geben bedingt auch Wachstumsarten wieder; doch die Dauer des Auswachsens eines einzelnen Tieres wird man nie ermitteln können. Von der Anlage der Extremitäten und deren Beweglichkeit zu urteilen, entsprechen viele Dinosaurierfamilien durchaus modernen, hochgradig agilen Säugetieren.

Mit dem Metabolismus hängt eng zusammen, wie man Dinosaurier rekonstruiert. Je nach Maßgabe kann man die Dynamik einer solchen Darstellung sehr stark variieren. Zudem orientiert man sich – dem Aktualismus folgend – bei den nicht fossil überlieferbaren Strukturen wie Haut, Federn, Farben etc. an der rezenten Reptilienwelt. Je nachdem, welchen Vergleich man wählt, können dabei sehr verschiedene Ergebnisse herauskommen. Als Beispiel hierfür und die sich daraus ableitende, völlig unterschiedliche Form der Perzeption beim Betrachten dienen die Abbildungen 15 und 16, die auf der Basis übereinstimmender Körperhaltungen unterschiedliche Aussehensmuster des Ceratosauriers *Dilophosaurus* darstellen. Es ist wichtig zu verstehen, daß auch die alten Dinosaurier-Rekonstruktionen nicht „falsch" waren. Sie orientierten sich lediglich an anderen rezenten Beispielen, z.B. an Leguanen, und nicht – wie heute – an Vögeln und sogar Säugetieren.

Abb. 15: Drei Rekonstruktionsmöglichkeiten des Theropoden *Dilopho-saurus*. Oben: Der „Spitter" aus Jurassic Park, basierend auf der rezenten Kragenechse (*Chlamydosaurus*). Mitte: Hautpanzerung verschiedener rezenter Skink-Verwandter (Schwanz: Gürtelschweif, *Cordylus*); Farbe des Augenstreifs: Madagaskar-Taggekko (*Phelsuma*). Unten: Federn, von vielen amerikanischen Autoren zur Zeit favorisiert.

Abb. 16: Drei weitere Rekonstruktionsmöglichkeiten des Theropoden *Dilophosaurus*. Oben: Farbmuster eines jungen *Varanus giganteus* (Australischer Riesenwaran). Mitte: Generalisierte Färbung eines *Varanus komodoensis* (Komodo-Waran), kombiniert mit dem Hautsack eines rezenten *Anolis* (Kleinleguan). Unten: Kämme und Tupfen eines rezenten Basilisken (*Basiliscus*).

Es gibt keine wirklich faßbare Ursache, mit der das Aussterben der Dinosaurier erklärt werden kann. Im Gegenteil, über die Jahre haben sich zwei Erkenntnisse vertieft: Zum einen waren wahrscheinlich mehrere, gleichzeitig stattfindende Vorgänge an den Aussterbeereignissen der Kreide-Tertiär-Grenze beteiligt, zum anderen müssen diese Faktoren nicht zwangsläufig wirklich bedeutsam gewesen sein. Vielleicht waren es völlig zufällig scheinende und zudem sich in der Erdgeschichte kaum oder gar nicht manifestierende Gründe, die eine Rolle gespielt haben. Man zitiert noch heute die verschiedensten, teils recht exotischen Aussterbegründe. Von der Klimaverschlechterung über Vergiftungserscheinungen durch neuartige Pflanzen, Krankheiten, Ausdünnung und/oder Dezimieren der Eischalen durch Freßfeinde (kleine Säugetiere), genetische Überalterung, Marsmännchen und Verdauungsstörungen bis hin zu terrestrischen und extraterrestrischen Umweltkatastrophen (Vulkane, Überflutungen und saurer Regen; Meteoriten und Supernovae) werden alle nur denkbaren Szenarien bemüht. Die „neueren" Ansätze können wie im Fall der zur Zeit aktuellen Meteoriten-These noch so mangelhaft belegt sein, sie erzeugen nur vordergründig angelegte, heftige Diskussionen. Denn sie erklären nicht, warum ein immerhin großer Teil der weiteren Landwirbeltiere erfolgreich überlebte. Von der Schwierigkeit, Aussterben an Land und im Wasser überhaupt mit gemeinsamen, „pauschalen" Ursachen zu koppeln, einmal ganz abgesehen. Es gibt einige Autoren, die polykausal (mit mehreren Ursachen) zu arbeiten versuchen bzw. zumindestens alle denkbaren, begründbaren Ursachen nebeneinander zu prüfen und einzubeziehen. Ein 1996 erschienener englischsprachiger Artikel von Glasby und Kunzendorf (siehe Literaturverzeichnis) über multiple Faktoren, die an der Kreide-Tertiär-Grenze eine Rolle gespielt haben könnten, ist dabei exemplarisch zu nennen. Er behandelt insbesondere die Einflüsse des zeitgleichen Vulkanismus (Indien: Deccan-Trapp) und sei hier zur vertiefenden Lektüre empfohlen.

Grundsätzlich gilt: Die Dinosaurier sind nicht ausgestorben. Die Dinosaurier leben immer noch – als Vögel.

9. Danksagung

Dieses Büchlein verdankt seine Entstehung der Vermittlung und Anregung meines Kollegen aus dem Forschungsinstitut und Naturmuseum Senckenberg, Herrn Dr. J. Franzen, Frankfurt.

Mein Dank gilt ganz besonders Herrn Dipl.-Geol. Hans Wilhelm „Wim" Fischer, Mainz, der einen großen Teil der Illustrationen anfertigte und stets zu Diskussionen und sonstigen Hilfestellungen bereit war.

Auch meinem Hochschullehrer, Herrn Prof. Dr. B. Krebs, Berlin, möchte ich aufrichtig danken, daß er mein Interesse an fossilen Reptilien immer unterstützt hat.

Ebenfalls gebührt Herrn Dr. M. Schmitz, Hannover, aufrichtiger Dank für die sehr kritische Durchsicht der ersten Manuskript-Version.

Meinem Mann danke ich für die permanente Unterstützung des Fortganges dieses Buches, sei es durch EDV-Hilfen, durch Manuskriptdurchsicht und -kürzung oder durch aktuelle Literaturrecherche.

Besonderer Dank gebührt nicht zuletzt dem C. H. Beck Verlag, München, mit Herrn Dr. St. Meyer, der das Entstehen dieses Buches mit großer Geduld begleitete.

Zudem danke ich meinen beiden Familien, Familie Richter in Berlin und Kiel sowie Familie Broschinski in Mainz für das mir erwiesene Verständnis trotz geistiger Dauerabwesenheiten während der Endphase des Verfassens und Kürzens.

10. Weiterführende Literatur

Benton, M. J. (1990): *Vertebrate Palaeontology. Biology and Evolution.* 377 S.; Unwin Hyman (London).

Carpenter, K., Hirsch, K. F. & Horner, J. R. (Hrsg.) (1994): *Dinosaur Eggs and Babies.* 372 S.; Cambridge University Press (Cambridge).

Charig, A. (1982): *Dinosaurier. Rätselhafte Riesen der Urzeit.* 230 S.; Hoffmann & Campe (Hamburg).

Dingus, L., Gaffney, E. S., Norell, M. A. & Sampson, S. D. (1995): *The Halls of Dinosaurs. A Guide to Saurischians and Ornithischians.* 100 S.; American Museum of Natural History (New York).

Fastovsky, D. E. & Weishampel, D. B. (1996): *The Evolution and Extinction of the Dinosaurs.* 460 S.; Cambridge University Press (New York).

Fischer, R. & Thies, D. (1983): *Das Dinosaurier-Freilichtmuseum Münchehagen und das Naturdenkmal „Saurierfährten Münchehagen".* 60 S.; Dinosaurier-Park Münchehagen GmbH (Rehburg-Loccum).

Glasby, G. P. & Kunzendorf, H. (1996): *Multiple Factors in the Origin of the Cretaceous/Tertiary Boundary: the Role of Environmental Stress and Deccan Trap Volcanism.* Geologische Rundschau, 85(2): 191–210; Berlin/Heidelberg.

Halstead, L. B. (1983): *Spuren im Stein. Die Suche nach den Zeugnissen vergangenen Lebens.* 208 S.; Franck'sche Verlagshandlung (Stuttgart).

Haubold, H. (1990): *Die Dinosaurier. System, Evolution, Paläobiologie.* 248 S.; A. Ziemsen (Wittenberg).

Jacobs, L. (1993): *Quest for the African Dinosaurs. Ancient Roots of the Modern World.* 313 S.; Villard Books (New York).

Lambert, D. (1992): *Die Dinosaurier. Die geheimnisvolle Welt der Urzeitriesen.* 256 S.; Heyne (München).

Lessem, D. & Glut, D. F. (1993): *The Dinosaur Society's Dinosaur Encyclopedia.* 533 S.; Random House (New York).

Lucas, S.G. (1994): *Dinosaurs. The Textbook.* 290 S.; Wm. C. Brown Communications (Dubuque).

Mc Gowan, C. (1983): *Dinosaurs, Spitfires, and Sea Dragons.* 365 S.; Harvard University Press (Cambridge).

Norman, D. (1985): *The Illustrated Encyclopedia of Dinosaurs.* 208 S.; Crescent Books (New York).

Norman, D. (1991): *Dinosaurier.* 192 S.; Bertelsmann (München).

Paul, G. S. (1988): *Predatory Dinosaurs of the World.* 464 S.; Simon and Schuster (New York).

Weishampel, D. B., Dodson, P. & Osmolska, H. (Hrsg.) (1990): *The Dinosauria.* 733 S.; University of California Press (Berkeley).

11. Register

Aasfresser 21, 48, 62
Acetabulum 32, 34, 42, 44, 62, 91, 104, 112 f.
Aktualismus-Prinzip 11, 13, 51, 59, 89, 92, 99, 119
Allosauridae 61
Allosaurus 60 f.
Ampelosaurus 53
Ancylosauria 28, 74, 77 ff., 86, 107 f.
Apatit 15 ff.
Apatosaurus 50, 52
Archaeopteryx 107
Archosauria 41 ff.
Archosauromorpha 41, 44
Astragalus 37, 50
Aufrechter Gang 25, 36, 39, 43, 47, 56
Aussterben 122

Baby-Dinosaurier-Skelette 88 f.
Bagaceratops 98
Becken, -gürtel 29 ff., 33 f., 42 ff., 47, 52, 57, 59, 62, 73, 77, 91, 97, 101 f., 105 ff.
Biomineralisation 28
bipede Fortbewegung 13, 24, 37, 47, 67, 73, 102, 106, 109, 134 f.
Bißmarken 21
Brachiosauridae 52, 54, 57, 105 f.
Brachiosaurus 52, 55, 105 f., 109
Brontosaurus 50
Brutpflege 69, 71, 92

Calciumphosphat 15 f.
Camarasauridae 51 f., 54, 57
Camarasaurus 52
Camptosaurus 82
Carcharodontosaurus 64
Carnosauria 58 ff., 61 ff., 66 f., 112
Carpalia 27, 35, 50, 60
Centrosaurus 99
Cerapoda 79 f.
Ceratopsidae 73, 80, 94 ff., 98, 115 f.

Ceratopsinae 98 f.
Ceratosauria 25, 58 f., 61, 67, 119
Ceratosaurus 58 f.
Cetiosauridae 53
Cetiosaurus 51, 53
Chasmosaurus 96, 99
Chlamydosaurus 120
Coelurosauria 64 ff.
Cordylus 120
Corythosaurus 83

Deinonychus 66 ff.
Deltadromeus 64
Dicraeosaurus 102, 104, 107, 109
Dickschädeldinosaurier 92
  s. a. Pychycephalosauridae
Digiti 36 ff. s. a. Finger
digitigrade Fortbewegung 37, 106
Dilophosaurus 59, 119 ff.
Dinosaurierpark Münchehagen 101, 116 ff.
Dinosauroid 69
Diplodocidae 49 f., 52 ff., 57, 102 f., 105
Diplodocus 32, 50, 102, 110 f.
DNA 17
Dornfortsätze 103
Dreidimensionales Erkennen 60 f.
Dromaeosauridae 67 f.
Dryosaurus 82
Dysalotosaurus 108 f.

Echsen 25, 33, 38, 41 f., 109
Echsenbeckendinosaurier 41
  s. a. Saurischia
Eckzahn 59, 81
Eier, -schalen 13, 18 f., 21, 69, 71, 88 ff., 92, 98, 112, 122
Ektothermie 57, 119
Elaphrosaurus 106, 109
Elefanten 50 f., 55, 87, 100
Embryonen 13, 19, 71, 90 f.
Entenschnabeldinosaurier 21, 84, 87, 115 s. a. Hadrosauridae

Eoraptor 46
Erdzeitalter s. Mesozoikum
Erlikosaurus 72
Euornithopoda 79 ff., 83

Fabrosauridae 73 f., 82
Fährten 19 ff., 55 f., 63, 96 f., 105, 116 ff.
Federn 59, 66 f., 70 f., 107, 118, 120
Femur 25, 27, 36, 42, 62, 65, 75, 91, 104 ff., 108 f., 112 f., 116
Fibula 27, 36 f., 39, 104 ff., 108 f., 113, 116
Field Museum of Natural History, Chicago 106
Finger 46 f., 59 f., 64, 83 f.
Fleischfresser 13, 21, 36, 42, 46, 48, 57, 60 f., 66, 118
Flugsaurier 11, 30, 41 f., 109
Fossilbericht 13, 16, 38, 65
Fossil, Fossilien 9, 12 f., 18 ff., 24, 37, 57, 63, 66, 75, 116, 119
Fossilisation 14, 16

Gaumendach 27, 72, 77 f.
Genasauria 74 ff.
Geschlechterunterschied s. Sexual-dimorphismus
Giganotosaurus 64
Ginganotothermie 57, 119
Größenwachstum 11, 50, 60, 102

Hadrosauridae 61, 73, 80 f., 83 ff., 87, 89, 114
Hadrosaurinae 87 f., 90
Hallux 36, 38, 47, 102
Hals, -wirbelsäule 29, 31, 47, 49, 51 ff., 63 f., 75, 94, 97, 108, 111, 113 ff.
Hautabdrücke 19, 21
Helme 83, 85 ff.
Herrerasaurus 46
Heterodontosaurus 81
Hinterextremität(en) 30, 34, 36, 38 f., 43, 52, 64, 71, 75, 77, 79, 81, 104 ff., 108, 111, 113, 115 ff.
Hörner 59, 95 f., 98 ff., 116

Horndinosaurier 94, 97
s. a. Ccratopsidae
Hornscheide 58, 65, 70
Hornschnabel 65, 82
Huayanogosaurus 27
Hypsilophodontidae 81 f., 84, 108
Humerus 35, 75, 96, 103, 106, 112, 116
Hydroxylapatit 15

Iguanodontidae 81 ff., 108, 114, 118
Ilium 31 ff., 43 f., 59, 104 f., 108
Ischium 32 f., 44 f., 67, 73, 104, 107
Jungtiere 18, 54, 87, 89 f.
Jura 11, 49, 56
Mittlerer – 20, 81
Oberer – 52, 59, 61, 75, 107, 109 f.
Unterer – 49, 53, 59, 73, 81

Kamm 57, 70, 86 f., 97 f.
Kehlsack 59, 67
Kentrurosaurus 75, 107, 109, 116
Kiefer 24, 26, 28 f., 51, 55, 60, 65, 70, 73 ff., 80, 82, 84, 91, 105, 111
Kiefermuskulatur 25, 28, 96, 115
Klauen 67 f.
Knie 37 ff.
Knochenplatten 74 ff., 107
Kollagene 15, 17
Koprolithen 19 ff.
Krallen 36, 107 f., 114, 117 f.
Kreide(zeit) 11, 47, 49, 53, 56, 59, 63, 65, 69, 72, 77, 80 ff., 92, 110
Mittlere – 82 f.
Obere – 12, 22, 53, 63 f., 70 f., 84, 88, 97 f.
Untere – 63, 67, 97, 116 f.
Krokodile 11, 25, 27, 41 f., 78, 85, 91 f.

Lambeosaurinae 83 ff.
Lambeosaurus 83
Landökosysteme 13
Landsäugetiere 9
Landwirbeltiere 13, 22, 31, 35, 38 f., 52, 55, 60, 76 f., 92, 106, 114, 122

Laufbein, -muskulatur 40 f., 58, 64,
  83, 96, 113
Lesothosaurus 73

Magen-(Darm-)Inhalt 19 f., 81, 84,
  94, 115
Magensteine 19 f., 97
Maiasaura 88, 90 ff.
Maniraptora 58, 60, 64, 66 ff.
Marginocephalia 79, 92 ff.
Maxillarfenster 58, 60, 112
Mesozoikum 11, 21, 41 f., 45, 66,
  77, 109
Metabolismus 119
Metacarpalia 27, 64, 105, 113
Metatarsalia 27, 37, 39 f., 42, 104,
  106, 109, 113 f.
Mumien 14, 21, 84
Museum für Naturkunde der
  Humboldt-Universität, Berlin 52,
  101 ff.

Nackenschild s. Schild
Nasenöffnung (Nares) 26 ff., 41, 49,
  51, 77 f., 82, 84 f., 87, 97 f.,
  102 f., 111 f., 115 f.
Naturmuseum Senckenberg,
  Frankfurt/M. 32 f., 102, 110 ff.
Neoceratopsidae 95, 97 f.
Nest(hügel) 69, 71, 89 ff.
Neurocranium 26, 28, 68, 72, 105
Nodosauridae 77, 79

Opisthocoelicaudia 52
Orbita(e) 26 ff., 41, 59 f., 65, 70, 75,
  77, 90, 93, 95, 103, 105, 111 f.
Ornithischia 33, 44 f., 67, 72 ff., 77,
  79, 107 f., 114 f.
Ornithomimidae 58, 60, 64 ff., 72
Ornithopodae 108, 114, 118
Oviraptoridae 67, 70 ff., 98

Pachycephalosauridae 92 ff.
Pachyrhinosaurinae 98
Paläontologie 9, 11, 20
Panzerung 28, 42, 57, 74, 77,
  79

Parasaurolophus 61, 83, 86
Pentaceratops 99
Pflanzenfresser 21, 28, 36, 42, 46,
  48, 54 f., 59, 61, 65, 71, 73, 80 f.,
  86, 99 f., 107, 109, 117
Phalangen 27, 39, 43, 58, 65, 113
Phelsuma 120
plantigrade Fortbewegung 37, 39
Plateosauridae 97
Plateosaurus 19, 42, 72, 101, 110 f.
Pollex 35, 46 f., 57, 60, 83, 97, 102
Porenwässer 16
Praeorbitalöffnung 26 ff., 41 f., 57,
  77, 93, 97, 102 f., 105, 111 f., 115
Prosauropoda 19, 47 ff., 72, 102,
  111
Protoceratopsidae 98
Psittacosauridae 97 f.
Psittacosaurus 97
Pubis 32 ff., 44 f., 67, 72 f., 102, 104,
  107

Quadrupede Fortbewegung 35, 42,
  47, 49, 52, 74, 77, 83 f., 98, 102,
  111, 116

Radius 27, 35 f., 38, 104 f., 116
Raubdinosaurier 13, 28, 62, 66 f.
Reptilien 9, 11, 13, 23 f., 30, 32, 35,
  41 f., 57, 88, 101, 113, 119
Rippen 20, 29 ff.

Sacrum s. Becken
Saurischia 32, 44 ff., 57, 60, 72,
  101 f., 106, 111
Sauropoda 20, 30, 47, 49 ff., 59, 63,
  72, 102, 104 f., 111, 113, 117
Sauropodomorpha 46 ff., 101 f., 111
Scapula 31, 62, 75, 103, 105
Scapulocoracoid 27, 31, 112
Scelidosaurus 74
Schädel 25 ff., 47, 49, 51 f., 58 ff.,
  64 f., 67 f., 70, 72, 75, 79 f., 82,
  84 f., 90, 92 f., 97 f., 101, 106,
  112, 116
Schädelöffnungen 26 ff., 41, 93
Schild 95 f., 98 ff., 115

Schnabel 64 f., 84, 94, 97 f.
Schnauzenspitze 25 f., 55, 68, 70,
72 f., 75, 77 f., 82, 84, 90, 93 f.,
103, 114 f.
Schrittfrequenz, -länge 39, 50, 62, 97
Schulter, -gürtel 30 f., 34 f., 43, 52,
62, 65, 75, 82 f., 96, 101 ff.,
105 f., 108
Schwanenhalsdinosaurier 30
s. a. Hadrosauridae
Schwanz, -wirbelsäule 29 f., 49 f., 52,
56, 60, 63, 65, 68, 75 f., 79, 81,
85, 97, 101, 105 ff., 111,
113 ff.
Scutellosaurus 74
Sediment 18, 21, 65, 88
Sedimentationsgebiet 117
Segnosauria 66, 72
Serration 48, 57, 67
Sexualdimorphismus 56, 59, 86, 98
Skelett 15, 21, 23 f., 27, 38, 67, 72,
98, 101 f., 106, 110
Stegoceras 93
Stegosauridae 27, 74 ff., 107 f.
Stegosaurus 33, 75, 108, 115
Stenonychosaurus 69
Sternum 31, 45, 103
Stereoskopisches Sehen 60 f., 68
Stoffwechsel 56 f., 119
Strauße 63 ff.
Straußendinosaurier 64 f.
s. a. Ornithomimidae
Struthiomimus 64
Styracosaurus 96, 99

Tarsalia, -Reihen 27, 37, 42, 50,
52
Temporalöffnungen 27 f., 41 f., 77,
93, 95, 103, 105, 111 f.
Tenontosaurus 82
Tetanurae 60
Therizinosaurus 72
Theropoda 46, 57 ff., 60 f., 64, 70,
72, 81, 87 f., 96, 107, 112 f., 118,
120 f.
Tibia 27, 36, 39, 104 ff., 109, 113,
116

Titanosauridae 52 f., 57
Trias 11 f., 47 f.
Mittlere – 22, 46, 57
Obere – 73, 81, 102
Triceratops 45, 95, 99 f., 115
Trittsiegel 117
Troodontidae 67 ff.
Tsintaosaurus 83
Tuojiangosaurus 75
Tyrannosauridae 61 ff., 66, 113
Tyrannosaurus 9, 23, 28, 36 f., 58,
62 ff., 110, 112 ff.
Thyreophora 74, 107

Ulna 27, 35 f., 38, 104 f., 116
Ultrasaurus 52
Urvögel 107
Utahraptor 58

Velociraptor 58, 66
Vergleichende Anatomie 23 ff., 38
Verhaltenskontext 96
Vertikalisierung 42 f. 47 f.
Vögel 11, 18, 23, 27, 45 f., 57 f., 63,
66 ff., 71 f., 77, 89 ff., 107, 113,
122
Vogelbeckendinosaurier 44
s. a. *Ornithischia*
Vorderextremität(en) 30 f., 34 ff., 38,
43, 47, 52, 59, 61, 63 ff., 71 f., 75,
79, 81 f., 84 f., 95 ff., 104, 106 ff.,
115 f.

Wangen 74, 77, 82, 94, 99, 108, 114,
116
Wirbel, -säule 27, 29, 31, 44, 49, 51,
58, 63, 68, 74 f., 81, 93 f., 97,
103 f., 107, 114, 116
Wirbeltiere 11, 13 ff., 23 f., 29 f.,
107, 118 s. a. Landwirbeltiere

Zähne 9, 17 ff., 23 ff., 46 ff., 51,
54 f., 59 f., 67, 70, 72, 74 f., 77,
79 f., 82, 84, 89 ff., 93 f., 101, 105,
108, 111, 113 f.
Zehen 36 ff., 46, 61, 68, 79, 81,
84 f., 104 ff., 113, 117 f.